AF346897

C. DAUBIGNY

ET

SON ŒUVRE GRAVÉ

C. DAUBIGNY

FRÉDÉRIC HENRIET

C. DAUBIGNY

ET

SON OEUVRE GRAVÉ

EAUX-FORTES ET BOIS INÉDITS

PAR

C. DAUBIGNY, KARL DAUBIGNY, LÉON LHERMITTE

HÉLIOGRAVURES DURAND

D'APRÈS DES PIÈCES RARES DE L'ŒUVRE DE DAUBIGNY, ETC.

PARIS

A. LÉVY, LIBRAIRE-ÉDITEUR

21, RUE BONAPARTE, 21

1875

Ch. Daubigny

DAUBIGNY

LE PEINTRE

Dans notre école moderne de peinture, de l'aveu de tous les juges autorisés, le paysage a brillé d'un éclat exceptionnel, et sera, dans l'avenir, — nous le croyons du moins, — un des titres les plus glorieux de l'art contemporain. Ce n'est pas seulement à la rencontre fortuite de quelques individualités remarquables qu'il devra cet honneur; mais à la portée de l'évolution qu'il a accomplie vers le premier tiers de ce siècle. Cette évolution, qui a été d'ailleurs admirablement servie par le groupe d'hommes de talent qu'elle a, d'autre part, contribué à faire éclore, a entièrement renouvelé les lois et la pratique du paysage, élargi son domaine, transformé son idéal, et reconnu définitivement le droit de la nature à prendre, dans les créations de l'art, la place, non plus secondaire et subordonnée qu'on lui faisait, mais indépendante et élevée qui lui appartient.

Ce ne fut pas sans combat que le paysage conquit cette situation incontestée. Les derniers tenants de l'école pseudo-classique défendaient le terrain pied à pied. Le paysage académique, condamné à d'éternelles redites, n'était plus qu'une mosaïque de plagiats. Il s'obstinait néanmoins à ses abstractions, avec une solennité glaciale. Il proscrivait, comme entachées de vulgarité, la ferme et la chaumière, auxquelles il substituait invariablement l'acrotère grec ou la tour du château Saint-Ange. Il éliminait certains arbres atteints et convaincus de manquer de noblesse, comme le peuplier, le saule, le pommier ; il ne permettait pas qu'on peignît l'émeraude des prés ou les blancheurs nacrées du matin. Comme le Renard de la fable, il trouvait la nature trop... verte, et remplaçait ses fraîches couleurs par un certain « ton chaud », dont la recette se transmettait de maître à élève.

Cet art pédagogique, qui s'enfermait à plaisir dans d'étroites formules conventionnelles, devait appeler une réaction. De jeunes artistes, rompant violemment avec ces pratiques routinières, s'en furent par les bois et les vallons, au bord des clairs étangs, surprendre la nature chez elle. Ils l'étudièrent dans ses aspects les plus divers, dans ses métamorphoses les plus insaisissables. Ils se mirent en communion directe et intime avec elle pour en exprimer à la fois l'accent local et la mystérieuse poésie. Ils oublièrent l'homme devant ces grands spectacles. De cadre qu'il était, le paysage devint tableau. La figure humaine passa au rang d'accessoire et d'accident pittoresque. Le paysage moderne était né.

Daubigny ne fut pas un des soldats de la première heure dans cette lutte mémorable. Bien qu'il eût grandi au milieu des paysages du genre Bidault, et qu'il ait emprunté ses premiers modèles à cette froide école, le mouvement était accompli quand il débuta. Les Anglais Constable, Bonington, et, chez nous, Jules Dupré, Paul Huet, Diaz, Th. Rousseau, y avaient glorieusement attaché leur nom ; mais Daubigny fit un pas de plus que le groupe des romantiques dans la voie du naturalisme pur. Ceux-ci avaient surtout cherché l'expression dramatique dans le paysage. Daubigny s'attacha de préférence à en rendre la vie latente, le charme paisible, les douces sérénités, les printanières effluves et les intimités familières. Il aima la nature pour elle-même : « Elle seule, et c'est assez. » Sans autre loi que son émotion, sans autre parti pris que sa sincérité absolue, doué de la faculté de sentir vivement et de fixer avec autant de justesse que de rapidité la sensation éprouvée ; trop impressionnable et trop prime-sautier pour raisonner un système, il évite l'écueil où tomberont bientôt les théoriciens du réalisme ; il se livre ingénument à un certain senti-

ment inné de l'élégance et de la distinction dont il
semblera un peu se défier plus tard, quand il sacri-
fiera la grâce au caractère et le charme à la vigueur;
mais qui, même alors, en dépit de lui-même, s'attache
à ses œuvres comme un parfum d'origine. Enfin, avec
une simplicité de moyens qui en double la puissance,
il arrive à une justesse d'interprétation qui ne sera
pas dépassée. On peut dire des premiers tableaux de
Daubigny, si doucement imprégnés d'odorantes éma-
nations champêtres, qu'ils se perçoivent par tous les
sens et donnent l'illusion même de la nature.

Certains poëtes jouissent du triste privilége de se
faire artificiellement, à leurs heures de travail, une
vie imaginaire pleine de sentiments héroïques en complète opposition avec la vie réelle qu'ils traînent dans
les bas-fonds. Chez Daubigny, comme chez tous les
poëtes de sentiment dont l'œuvre n'est que le reflet
ingénu de leur âme et comme l'épanchement naïf de
leur vie intime, l'homme et l'artiste ne sauraient ainsi
se dédoubler. Ils s'accordent au contraire et se con-
fondent pour parfaire une des figures les plus sympathiques de l'art contemporain, sinon les plus faciles
à fixer. Talent communicatif spontané, plein de jet,
de nerf et d'accent; physionomie franche et cordiale,
vive et mobile, qui vous séduit et vous échappe, Daubigny déconcerte le portraitiste, se dérobe devant le
biographe, s'insurge contre le « ne bougeons plus »
du photographe; et qu'on le veuille peindre au moral

ou au physique, il faut pénétrer cette nature ondoyante, à son insu, et surprendre au moment où elle s'éclaire, cette tête à la fois pleine de bonhomie et d'intelligence.

C'est ainsi qu'a fait mon jeune ami Léon Lhermitte pour l'intéressant portrait qui figure en tête de ce volume. Il a entrevu pendant quelques instants à peine son modèle toujours en mouvement, et l'a saisi, au vol, sans qu'il posât, avec une justesse de caractère que je serais heureux d'égaler, moi qui connais depuis longues années le maître aimé à qui je consacre ces pages [1].

S'il fallait que tout livre comportât nécessairement sa moralité immédiate, nous ne serions pas embarrassé de tirer de notre récit « d'utiles leçons », comme on disait autrefois. L'exemple de la lutte est sain aux jeunes vocations artistiques. Les rudes épreuves qu'a traversées, avant de cueillir le rameau d'or, le robuste travailleur dont nous allons raconter la vie,

1. Nous connaissons trois portraits de Daubigny : le premier a été gravé à l'eau-forte par M. Bracquemond, vers 1857. Daubigny y est représenté de profil, tourné à gauche, la palette à la main.

Dans le second portrait, gravé par M. Chaplin, et publié chez Cadart vers 1861, Daubigny est représenté de face et assis. Il existe un troisième portrait lithographié par M. Lafosse, d'après une photographie de Pierre Petit, pour l'ouvrage : *Le Panthéon des Illustrations françaises au* XIXe *siècle*, par Victor Frond. Paris, Abel Pilon, 1865 et un médaillon modelé par M. Michel Pascal.

prouvent une fois de plus que les dons naturels les plus heureux ne dispensent pas de l'effort et ne sauraient donner toute leur floraison sans l'énergique concours de la volonté.

Dès son entrée dans la carrière, Daubigny chercha à s'assurer quelques menus travaux qui pourvussent à ses besoins matériels, et lui permissent de peindre comme il sentait, sans souci des modes régnantes. Grâce à cette sage prévoyance, il a pu étudier sérieusement avant de produire et développer librement ses brillantes qualités personnelles. Il n'a pas, dans un de ces pactes diaboliques renouvelés de la légende, vendu aux marchands son âme, — je veux dire sa foi artistique, — pour un peu d'or, comme font trop de jeunes artistes réduits, faute d'un métier, à vivre de leur pinceau, ou pressés d'escompter les promesses de leurs débuts.

Quand Daubigny avait achevé les travaux inférieurs qui lui apportaient son pain quotidien, il s'en allait tout joyeux s'essayer d'après nature, et c'est par le travail qu'il se reposait du travail. Ces habitudes simples, cette vie de saines fatigues, à l'air libre des champs, furent une excellente hygiène pour son talent, et expliquent peut-être cette abondance sereine, ce sentiment d'heureuse plénitude, cette sève robuste qui distinguent ses œuvres.

Daubigny appartient à une honorable famille de peintres. Fils du paysagiste Daubigny (Edme-Fran-

çois)[1]; neveu du miniaturiste Pierre Daubigny[2]; allié
par son oncle Pierre à la famille Dautel[3] qui cultivait
aussi avec succès la peinture en miniature, Daubigny
(Charles-François) naquit à Paris le 15 février 1817.
Il joua tout enfant avec les crayons et le pinceau,

1. Daubigny (Edme-François), né à Paris en 1789, décédé
à Paris le 14 mars 1843, était élève de Victor Bertin. Il débuta
au Salon de 1819 où il exposa, ainsi qu'aux Salons de 1822, 1842,
1831, 1833, des paysages empruntés aux environs de Paris.
Vers 1835, il fut emmené en Italie, comme professeur, par la
famille de La Grange. Aux Salons de 1837, 1838, 1839 et 1841,
le dernier où il parut, nous ne relevons aux livrets que des vues
d'Italie, prises généralement dans le royaume de Naples, sur
le mont Pausilippe, à Baya, Pompéi, Castellamarre, etc.
MM. Daubigny et Geoffroy-Dechaume possèdent quelques-
unes de ces toiles.

2. Daubigny (Pierre), élève d'Aubry, né à Paris vers 1795
et décédé dans la même ville le 15 juillet 1858, exposa pour la
première fois en 1822 un cadre de miniatures, et parut assidûment à tous les Salons jusqu'à 1855 inclusivement. Ses portraits
en miniature, généralement estimés, lui valurent en 1833 une
médaille de troisième classe. Il fit les portraits d'Alfred de Vi-
gny, du général baron Gourgaud, du marquis et de la marquise
de La Grange et beaucoup d'autres signalés seulement, aux
livrets, par leurs initiales nobiliaires.

3. Amélie Dautel, femme de Pierre Daubigny, née à Paris,
en 1796, décédée à Paris, le 22 mars 1861, était élève d'Aubry
et de Granger. Elle exposa des miniatures aux Salons de 1831,
1833, 1834, 1836, 1837, 1841, 1844, et obtint une médaille de troisième classe en 1834. Elle avait une sœur plus jeune de quelques
années, Mlle Henriette-Virginie Dautel, avantageusement connue
aussi comme portraitiste et qui existe encore.

mais il était d'une santé délicate ; sa mère, née Legros-
d'Anizy, redoutait pour lui les brusques transitions de
la température élevée de l'école à l'air vif de la rue,
et le gardait volontiers à la maison. La digne femme
se promettait certainement de combler bientôt chez son
enfant les lacunes de son instruction primaire ; mais la
mort ne lui laissa pas le temps d'accomplir cette
pieuse tâche. Daubigny sut donc en quelque sorte dessiner avant de savoir lire. Incapable d'appliquer longtemps son attention à des études étrangères à ses goûts
favoris, ses forces vives se portèrent exclusivement aux
choses qui l'intéressaient, et, dans son impatience de
remuer des idées, il sauta par-dessus la syntaxe. Que
le lecteur se rassure ! le peintre n'y a rien perdu. La
culture universitaire eût peut-être étouffé, sous son
engrais approprié aux intelligences moyennes, la plante
rare qui devait germer sur ce sol vierge. Le jeune
Daubigny tirera donc toute son instruction de son propre fonds, et sa personnalité, libre de toute entrave,
affranchie de toute férule, mais garantie contre les
piéges du mal par la noble passion de l'art, n'en sera
que plus vigoureuse et originale.

Avec le produit combiné de ses tableaux et de ses
leçons, le père avait peine à subvenir aux besoins de
la famille, et il dut songer à tirer parti de l'aptitude
précoce de son fils. A quinze ans, le jeune Daubigny
peignait déjà des dessus de boites de Spa, et autres
menus ouvrages de commerce dont le produit payait

sa modique pension à la table commune; il fit jusqu'à des tableaux-pendules, pour Robert, horloger, rue Portefoin.

A dix-sept ans il se suffisait à lui-même. Mais un désir le tourmenta bientôt avec la ténacité d'une idée fixe : voir l'Italie. Les vues des environs de Naples que peignait son père avaient occupé ses longues contemplations d'enfant; il était bien naturel que son ardente imagination lui représentât l'Italie comme l'archétype du Beau. C'était d'ailleurs à cette époque le pèlerinage obligé de quiconque se vouait à l'art de peindre, et Daubigny débuta tout comme un autre par cet acte d'orthodoxie.

Daubigny avait confié ses désirs à un jeune camarade, peintre comme lui, nommé Mignan, et il n'avait pas eu de peine à les lui faire partager. Tous deux convinrent d'amasser et de réunir leurs épargnes, pour réaliser un jour leur ambitieux projet. Des économies à dix-sept ans, et dans un but aussi louable, voilà certes un trait précieux pour le biographe, et l'on m'excusera, j'espère, de le souligner en passant.

Daubigny et Mignan eurent toutefois la prudence de se défier de leur faiblesse : ils n'osèrent confier leurs épargnes à ces fragiles tirelires dont on se sent trop facilement tenté d'interroger la panse sonore ou de taquiner les flancs avec la pointe d'un couteau, aux heures de paresse et d'inspirations mauvaises. Ils pratiquèrent une cavité dans la muraille de leur mansarde, maçonnèrent solidement l'orifice en y ménageant une discrète ouverture, et ce fut dans cette caisse de sûreté d'un nouveau genre que les deux amis jetaient chaque soir les menues pièces échappées aux besoins de la journée.

Daubigny battit monnaie comme il put, en peignant des panneaux de décoration d'appartements, et des ornements dans les salles du Musée de Versailles qui, à cette époque, était la ressource de tous les artistes en disponibilité. Pendant toute une année, les deux amis redoublèrent d'ardeur au travail, pour grossir la bourse commune.

« Crois-tu qu'il y ait assez d'argent à la masse, — ils appelaient cela la masse! — pour les frais de notre voyage d'Italie? hasarda Daubigny, un jour d'avril que l'air vif et le ciel bleu réveillaient, plus ardentes que jamais, dans son âme, des impatiences longtemps contenues.

— Il doit y avoir assez », affirma l'autre, dont le cœur bondit à l'idée du départ.

Tous deux saisirent un marteau et cognèrent à tour de bras. Les plâtras tombèrent à leurs pieds avec un bruit sourd, bientôt suivis d'une cascatelle de pièces de divers modules, argent, cuivre et billon, qui coururent joyeusement par la chambre, avec un petit son clair. Ils eurent des éblouissements et comptèrent jusqu'à quatorze cents francs!

Quelques jours après, Daubigny et Mignan se

mirent en route, sac au dos, guêtre au pied, le bâton
à la main. Ivres de soleil et de liberté, il semblait que
toute la terre leur appartînt. Leur voyage ne fut qu'un
long enchantement : ils voyaient s'ouvrir à chaque
instant devant leurs yeux de nouvelles perspectives, et
se dérouler une succession de panoramas dont la
richesse, l'accent et la variété les émerveillaient. Passé
Lyon, ils reconnurent avec transport le voisinage du
Midi à la lumière plus intense du ciel, à la grandeur
du paysage, paré de végétations inconnues dans nos
contrées : l'olivier, le cyprès, le platane, le pin, tous
les arbres aimés de l'idylle antique. Ils traversèrent
enfin ce jardin délicieux que ferment à gauche les
premières montagnes des Alpes, à droite le Rhône et
les pics des Cévennes, et foulèrent enfin le sol épique
de l'Italie.

Daubigny visita Florence, Rome, Naples, parcou-
rant les musées, dessinant les monuments, étudiant
ces campagnes héroïques qui ont inspiré Both, Guas-
pre et le Lorrain. Il fit à Rome la rencontre de
M. Armand Leleux, et l'analogie de leur situation
les rapprocha. Ils décidèrent de ménager leurs ressources, et de tout sacrifier pour prolonger le plus possible leur séjour au milieu des imposants spectacles
qui les captivaient. Ils se résignèrent aux privations
et bien des fois ils déjeunèrent d'un hareng, dînèrent
d'un peu de viande grillée sur des charbons, et se
donnèrent des illusions de soupe au moyen de pain

trempé dans de l'eau salée. Mais la pauvreté à cet
âge heureux n'a rien de lugubre; elle a ses compensa-
tions dans la vie libre, insoucieuse, égayée d'imprévu.
Ne l'avaient-ils pas bravement acceptée d'ailleurs, par
amour de l'art et du travail?

Il y avait quatre mois que Daubigny étudiait à
Subiaco, sur les bords du Teverone, quand Mignan,
le premier, parla du sol natal avec une éloquence signi-
ficative. C'est que l'art, qui remplissait toutes les pensées de Daubigny, n'était pas le seul intérêt de sa vie,
à lui! Il avait laissé à Paris la moitié de son cœur, et
soit que les énervements de cette tiède et sensuelle
nature italienne le portassent à la mélancolie, ou que
les mirages de l'éloignement ravivassent sa passion, il
tomba dans une fièvre de langueur qu'il parut urgent
à Daubigny de couper avec la quinine du retour. Ils
revinrent donc, celui-ci épanchant tout le long de la
route les admirations qui débordaient de son âme,
l'autre chantant sa belle avec le lyrisme monotone
qu'on connaît aux amoureux.

Ils avaient vécu onze mois en Italie avec un bud-
get de 1,400 francs, et il leur restait deux louis en
poche à Troyes. Ils y trouvèrent de joyeux compagnons accourus au-devant d'eux, et gagnèrent Paris à
petites journées tout en festoyant. Mignan se maria au
débotté et quitta définitivement la peinture pour l'industrie. Quant à Daubigny, ce voyage ne devait pas le
détourner de la voie naturelle à son tempérament.

L'Italie ouvrit son imagination aux belles choses, mais, à raison de son âge, elle n'eut aucune influence appréciable sur son talent. Les études de cette époque le montrent encore dominé par sa première éducation artistique et trahissent, à travers beaucoup d'inexpérience, une certaine recherche de Charles de La Berge. M. Geoffroy-Dechaume possède un curieux spécimen de cette première manière. C'est un paysage de Valmondois, daté de 1835.

On s'étonnera sans doute que Daubigny se soit épris un moment d'un peintre auquel il est si loin de ressembler. C'est qu'ils avaient un point de départ commun, la passion du vrai. De La Berge se trompait en croyant l'atteindre par une poursuite excessive de détail ; mais son erreur venait d'un amour de la nature profond et convaincu, quoique mal raisonné quant à ses moyens d'expression. Faute de discerner, avec un goût judicieux, le point essentiel auquel le peintre doit s'attacher, et le détail qu'il faut négliger, de La Berge s'obstinait à tout rendre avec une égale minutie. Il y mettait une telle conscience que, malade et hors d'état d'aller étudier sur la nature, — il mourut jeune d'une affection de la poitrine [1] —, il faisait scier des troncs d'arbres et les faisait apporter dans la cour de la maison qu'il habitait avec son père, passage Sainte-

---

1. Ch. de La Berge, né à Paris le 17 mai 1807, mort le 25 janvier 1842.

Marie, dans le quartier du Roule. Mais quand il avait
examiné à la loupe, et reproduit un à un tous les
accidents de l'écorce, il n'avait fait encore que du
trompe-l'œil et de la nature morte; car cet arbre
décoURonné avait laissé son âme dans la forêt. C'est
là qu'il faut le voir avec sa fière allure, dans son
atmosphère propre, sous le rayon lumineux qui le
détache des profondeurs sombres des bois... Daubigny, lui, ne s'y trompera pas longtemps. Il saura bientôt calculer la distance qui sépare le vrai littéral et
absolu du vrai artistique.

En 1826, le comte de Forbin, directeur général
des musées royaux, avait donné à son intime ami Granet la place de conservateur des tableaux, qu'il occupa
jusqu'en 1848. Granet avait, à ce titre, la haute direction de l'atelier de restauration des peintures, et il avait
enrégimenté sous ses ordres une petite armée de peintres fruits secs, qui soumettaient bravement les chefs-
d'œuvre malades à un régime d'essences et d'acides
qui parfois, il faut bien le dire, enlevaient le patient.
Ces infirmiers conservaient précieusement les jus
recueillis de ces savonnages, et les classaient par ordre
dans un bataillon de fioles étiquetées qui transfor-
maient l'atelier en un véritable laboratoire de chimie.
C'étaient les toniques qu'on administrait pour les
réconforter à ces toiles séculaires quand elles sortaient
de l'hôpital. Il y avait des jus pour tous les âges et pour
tous les tempéraments; il y en avait d'argentins pour

les maîtres blonds, et de dorés pour les maîtres puissants.

Il faut avouer, pour être juste, que Granet lui-même ne donnait pas toujours l'exemple du respect des maîtres, et que, dans les fréquentes visites qu'il faisait à ses restaurateurs, il prit plus d'une fois sur lui de faire corriger Léonard et Titien. — Pauvre Granet, on le lui a bien rendu déjà!

Ce fut dans cette officine qu'entra Daubigny à son retour de Rome. Obligé de se créer quelques ressources, il plia son humeur impétueuse à ce travail mécanique, et il n'eut bientôt plus son pareil dans l'art de mastiquer les craquelures. Mais tous ses camarades le distançaient dans les *repeints*, qu'il avait l'ingénuité de vouloir raccorder avec les fonds. Il ne touchait jamais sans embarras à ces graves chefs-d'œuvre dont la majesté le déconcertait, et il était loin de posséder le triomphant aplomb de ses confrères. Aussi le cœur lui saignait-il souvent quand il voyait les vénérables peintures de nos musées livrées aux opérations de ces empiriques, et cachait-il difficilement sa pensée chaque fois que l'occasion se présentait de donner cours à ses indignations. Le secret de cette pharmacopée s'ébruita. Les rapins, qui furent de tout temps partisans féroces des tons chauds et roussis, s'émurent de ces lessivages, et crièrent au sacrilége. On remonta jusqu'à la cause de cette fermentation; les rapins n'obtinrent point satisfaction, mais Daubigny perdit sa sinécure.

Daubigny s'était lié, depuis quelque temps, avec plusieurs artistes qui fondèrent une sorte de société de protection mutuelle pour s'entr'aider à parvenir; bien résolus tous à conquérir la réputation par le travail, ils avaient la sagesse d'étudier et de produire à l'heure où tant d'autres dépensaient follement leur activité en théories creuses et en paradoxes d'estaminet. C'étaient Steinheil, le savant dessinateur archéologue, dont le crayon excelle à dérouler ces pieuses légendes de l'iconographie chrétienne que les peintres-verriers revêtent de couleurs éclatantes; Geoffroy-Dechaume, un robuste imager du XIIIe siècle, qui n'en est pas moins, quand il veut, un artiste créateur et puissant. Il a longtemps pourvu l'orfèvrerie moderne de ses plus gracieux modèles, et travaille à repeupler les niches de nos cathédrales de tout ce monde de pierre auquel s'en prit la révolution[1]; Trimolet, qui mourut jeune, épuisé par la misère et les privations. On nous permettra de consacrer ici quelques pages à ce dernier artiste peu ou mal connu, dont le souvenir se lie étroitement à la vie de Daubigny.

Né à Paris en 1813, Louis Trimolet[2] n'avait plus

1. C'est M. Geoffroy-Dechaume qui a exécuté récemment la belle médaille d'honneur offerte à Corot par les confrères et admirateurs du grand peintre dont nous déplorons la perte. Un exemplaire de cette médaille est destiné par l'auteur au musée Carnavalet.

2. Louis Trimolet, fils d'un militaire de l'Empire, n'est pas,

ni père ni mère à neuf ans. Un ami de son père le plaça en apprentissage chez un graveur d'étiquettes où il resta quatre ans. Puis, quand il crut pouvoir se créer quelques ressources par lui-même, il quitta son patron, se fit inscrire à l'École des beaux-arts, entra dans l'atelier du statuaire David (d'Angers), partageant son temps entre l'étude sérieuse de l'art et les infimes travaux, dessins pour lanternes magiques, coloriages, etc., qu'il exécutait pour l'imagerie de la rue Saint-Jacques. Ses études assidues, les relations qu'il ouvrit alors avec les artistes dont nous venons de parler, changèrent, en l'élevant un peu, la direction de ses travaux mercantiles. L'illustration lui offrit un gagne-pain, et, comme Daubigny, comme Steinheil, Meissonier et tant d'autres, il travailla pour la librairie.

Ce fut alors qu'il épousa la sœur de Daubigny. Pauvre femme! C'était se vouer au malheur que de s'unir à ce prédestiné du malheur. Aux soucis sans cesse renaissants d'une vie besoigneuse, Trimolet, nature maladive et tourmentée, ajoutait les chimères que se créait son imagination ardente et inquiète. Le public, qu'égayait la verve originale de son crayon, ne pouvait pénétrer le secret de ses douleurs intimes. Caricaturiste par nécessité, non par goût, il était comme le comédien qui souffre sous son masque bouffon.

comme on l'a cru à tort, parent de Trimolet (de Lyon), peintre de l'école de Guérin, qui vécut et travailla sous la Restauration.

Trimolet appliquait à ses compositions satiriques les
remarquables facultés de son esprit observateur et
malicieux; mais il n'y mettait rien de son cœur et se
désolait de refouler toujours, sous l'étreinte du besoin,
les aspirations qui le portaient vers l'art élevé. Il n'est
pas rare de voir des caricaturistes moroses se débattre
ainsi sous les fatalités de ce rôle d'amuseur qui leur
pèse. M. Champfleury, dans son *Histoire de la caricature moderne* (Dentu, 1872), a caractérisé ces
luttes sourdes avec une grande justesse d'observation
à propos de C.-J. Traviès, qui offre avec Trimolet
plus d'un trait de ressemblance physique et morale.

Trimolet avait hâte de se réhabiliter à ses propres
yeux par la grande peinture. Il voulait pouvoir enfin
épancher ses amertumes de déshérité dans une œuvre
qui fût bien la chair de sa chair et le cri de son âme.
Il connaissait la souffrance; c'est la souffrance qu'il
voulait peindre. Aussi, quand, à force de travail et
d'économie, il se vit devant lui une somme suffisante
pour fermer pendant six mois sa porte aux éditeurs, il
s'emprisonna dans son atelier, et choisit pour sujet de
sa première œuvre : « Des sœurs de charité distri-
buant des secours à des malheureux. »

Ce tableau figura à l'Exposition de 1839, et y fut
remarqué. Trimolet était le premier qui osât peindre
la misère des pauvres gens que nous coudoyons à chaque
pas. Cette tentative, qui eut depuis tant d'imitateurs,
était une hardiesse à cette époque où la misère n'avait

droit de cité dans l'art que revêtue d'oripeaux italiens.
Un mendiant napolitain, passe encore! mais un pauvre
de la rue Maubuée, arrière! Ce tableau fut très-goûté
des artistes, malgré sa couleur un peu triste et timide;
mais le beau caractère des têtes et la fermeté de l'exécution promettaient un peintre de talent. Cette œuvre
est bien agencée; mieux encore, elle est bien pensée.
La scène est rendue dans sa simplicité touchante, sans
déclamation ni révolte. Ces gens sont malheureux,
mais non abrutis ou dégradés. — La misère imméri-
tée n'est pas la moins résignée; car il lui reste l'es-
pérance. A ce point de vue, l'on peut dire que l'œuvre
de Trimolet respire un sentiment chrétien. Cette
même tendance se révèle dans une de ses eaux-fortes,
représentant un pauvre étendu sur une natte au pied
d'un mur. Il lève les yeux au ciel, et la légende lui
fait dire ces paroles : « Mon Dieu, je vous rends
grâces de ce qu'il vous a plu de me donner ce mur
pour m'abriter et cette natte pour me couvrir. »

Bien que *la Maison de secours* dût, à raison
du sujet, plaire médiocrement à l'Institut, les qualités solides du tableau le recommandèrent à l'attention
du jury académique qui le récompensa d'une médaille
d'or. Mais il ne fut point acheté, et Trimolet n'eut
point de commandes. Ce fut un coup terrible pour le
pauvre artiste qui avait placé son dernier enjeu sur
cette toile. Il se plongea de nouveau dans le travail
avec une activité fiévreuse. A la vignette, il joignit la

gravure à l'eau-forte, ne poursuivant qu'un but : gagner quelques moments de loisir pour se remettre à la peinture ; mais les privations qu'il s'était imposées l'avaient épuisé et déterminèrent la maladie de poitrine qui l'enleva peu d'années après.

Les spirituelles compositions qu'il grava à l'eauforte pour le *Comic - almanack* lui avaient fait une notoriété comme caricaturiste et l'on avait salué en lui le rival de Cruikshank. — Il eût suffi de dire le dis ciple. — Il est d'ailleurs exact qu'il procède des humoristes anglais. Il a de l'ingéniosité, beaucoup d'imagination ; mais sa gaieté est nerveuse, artificielle, quelque peu grimaçante. La misère l'avait trop rudement éprouvé pour qu'il eût véritablement le *vis comica*. La gaieté suppose, en outre, une santé que sa mauvaise étoile lui avait aussi refusée. Aussi ne faut-il pas lui demander l'éclat de rire franc, large, épanoui, des rieurs par tempérament. Son crayon minutieux, sa verve curieuse, n'oublient aucun détail et prennent l'idée par le menu. Ses personnages sont autant de petits pantins malicieux et moqueurs ; mais ils n'ont pas la variété d'expression, la puissance d'observation, l'ample tournure que donne à ses types si réels le maître par excellence de la caricature moderne, Daumier.

Cependant les coups se précipitent et le frappent de plus en plus douloureusement. Sa femme expire sur le grabat d'une maison de santé, pendant que la phthisie, arrivée à son dernier période, lui laisse à peine la force

de se traîner de son lit à sa table. Et il faut qu'il travaille sans relâche, car la maladie a tout dévoré. On lui
cache pendant huit jours la mort de sa femme pour
qu'il termine sans retard les travaux dont le produit
doit pourvoir aux nécessités les plus pressantes.
C'étaient des vignettes pour l'édition illustrée des
Mystères de Paris. Singulier rapprochement! les
fictions du romancier ont-elles rien imaginé de plus
poignant que le drame que nous venons de dévoiler?
Enfin il mourut le 23 décembre 1843, avec la suprême
douleur de laisser un enfant orphelin à neuf ans
comme il avait été lui-même.

La disparition soudaine du pauvre artiste ne laissa
d'autre trace, dans le journalisme du temps, qu'une
courte et substantielle notice, publiée dans le *Cabinet
de l'amateur* (tome II, page 544 et suivantes), signée
de l'initiale S. et précédée d'un portrait de Trimolet,
dessiné sur bois par M. Steinheil, d'après un médaillon
de M. Geoffroy-Dechaume. Nous avons utilement
consulté cet intéressant document. Il nous reste à indiquer les travaux laissés par Trimolet; on en trouvera
la liste à la fin de ce volume. Cela constitue un ba-
gage relativement considérable, si l'on songe que Trimolet avait à peine trente ans quand il mourut. On
ne saurait toutefois le juger à sa valeur sur ces productions au jour le jour. C'était un talent en prépa-
ration qui n'a pas eu le temps de mûrir ses fruits. Tous
ses anciens amis, tous ceux qui vécurent dans la con-

fidence de ses pensées, de ses efforts, s'accordent à dire qu'il était supérieur à ses œuvres. *La Maison de secours*, l'unique œuvre importante qu'il ait laissée, — elle appartient aujourd'hui à M. Daubigny, — atteste que cette opinion n'était pas surfaite.

Quant au pauvre orphelin, il a été élevé par son oncle Daubigny et les amis de son père. L'un d'eux M. Geoffroy-Dechaume, lui apprit à modeler et l'occupa longtemps à ses travaux de sculpture; mais Alphonse Trimolet laissa bientôt l'ébauchoir pour le crayon, le certain pour le précaire. Ainsi le voulait sans doute la fatalité de sa vocation. Dessinateur exact, il a crayonné des *Vues de Paris* qui ne sont pas sans mérite, et dont plusieurs ont figuré aux expositions. Il a aussi publié des séries d'eaux-fortes estimées des amateurs, — *les Barrières, les Marchés, les Ponts de Paris*. — Il ajoute de temps en temps une pièce nouvelle à ces suites intéressantes. Sa nature concentrée, sa timidité excessive, le portent à l'isolement; il travaille et vit à l'écart, du modique produit de ses travaux.

Mais retournons de quelques années en arrière, au moment où, comme nous l'avons dit tout à l'heure, Daubigny, Geoffroy-Dechaume, Steinheil et Trimolet s'unirent pour se faire les uns aux autres la courte-échelle de l'avenir. Ils avaient fixé leur manière de phalanstère artistique rue des Amandiers, dans une maisonnette agréablement plantée au milieu d'un potager, et ils passèrent là d'heureux jours, que les survivants ne se rappellent jamais sans émotion. La caisse était commune, la table abondante et frugale ; grâce à la simplicité de leur existence, ils se trouvaient presque riches. Ils échappaient ainsi à l'exploitation des éditeurs et réservaient à l'art tous les instants que le métier n'absorbait pas. Chaque année, l'un d'eux préparait un morceau pour l'exposition aux frais de la communauté, qui ne négligeait rien pour assurer la réussite de ces débuts.

Quand ce fut le tour de Daubigny, il exécuta un *Saint Jérôme dans le désert,* — terrible amoncellement de rochers à la Salvator, — qui eut les honneurs du Salon de 1840, où il figura à côté d'une œuvre de son père. L'association dura ainsi sans tiraillements ni jalousie, jusqu'à ce que ses membres se sentissent assez forts pour combattre isolément. Plusieurs, et Daubigny fut du nombre, se marièrent et cherchèrent dans les devoirs de la famille une nouvelle source d'émulation. Mais en se séparant ils restèrent amis, et aujourd'hui encore ils peuvent compter les uns les autres sur un dévouement à toute épreuve.

Encouragé par l'incursion qu'il venait de tenter dans le domaine classique, et par le succès d'estime du *Saint Jérôme,* Daubigny conçut l'idée de concourir à l'École des beaux-arts. Mais pour disputer le prix de Rome sans désavantage, il était nécessaire qu'il se présentât dans la lice sous le patronage d'un des membres

de l'Institut les plus influents. L'habile éclectisme de
Paul Delaroche excitait, à cette époque, une admira-
tion qui tenait de l'enthousiasme, et lui recrutait de
nombreux élèves. Daubigny obéit à cet entraînement,
et entra dans l'atelier du célèbre auteur du *Strafford*
et de la *Jane Gray*.

Six mois s'écoulèrent, pendant lesquels le nouveau
disciple dessina assidûment d'après le modèle vivant et
accommoda en paysages académiques toute l'histoire de
la Grèce et de Rome, l'Ancien et le Nouveau Testa-
ment. Il apportait à ces études, à défaut d'un goût
bien vif, sa fougue ordinaire ; et l'attrayante perspec-
tive de vivre quatre ans à la villa Médicis sans préoccupations d'aucune sorte le stimulait vivement. Il fit
si bien qu'à l'heure du concours (1841) il était un de
ceux sur qui Delaroche fondait avec raison le plus
d'espoir.

Le prix de Rome, objet d'ambitions si ardentes,
reste le partage de celui qui sort victorieux d'une série d'épreuves dont plus d'un lecteur ignore les com-
plications. Il s'agit, en premier lieu, d'exécuter une
esquisse en loge dans un temps et sur un sujet don-
nés. L'arène est ouverte à tous les concurrents, et les
seize élèves classés les premiers par le docte aréopage
sont admis à aborder la seconde épreuve, dite de
l'arbre historique.

On a déjà deviné qu'il s'agit d'un cèdre ou d'un
hêtre, trois ou quatre fois séculaire, aux masses généra-

lement monumentales, à la ramure puissante, qui, selon les exigences du programme, sera l'impassible témoin de quelque crime affreux de l'antiquité, ou prêtera le mystère de son ombre à de plus souriants tableaux mythologiques.

Ce sont les huit arbres les plus... historiques qui sont admis au concours solennel, et celui de Daubigny avait mérité le numéro trois.

Pour ces escarmouches préliminaires, on prend le sujet de la composition au moment de se consigner prisonnier chacun dans sa cellule. Pour la bataille décisive, la dictée a lieu la veille de l'entrée en loge. Mal initié à ces usages, Daubigny regarda comme facultative cette formalité obligatoire, et ne crut pas nécessaire de se déranger deux fois. Il compta se procurer le programme au moment même de concourir, et s'en fut, comme un étourdi, déjeuner à Vincennes avec son ami Feuchères.

Ce fut le lendemain que Daubigny sut qu'après l'avoir fait chercher inutilement on l'avait mis hors de cause. Il est permis de supposer que ses camarades ne furent pas fâchés de voir écarter un de leurs rivaux les plus sérieux. — Le motif à développer était *Adam et Ève*, et ce fut Hippolyte Lanoue qui remporta le prix!

Sans ce déjeuner à Vincennes, Daubigny eût peut-être été lauréat de l'Ecole. Il faut avouer aujourd'hui qu'il l'a échappé belle!

Le pauvre garçon ne prit pas aussi bravement son parti de l'aventure et s'en fut, tout chagrin, confier sa déconvenue à Delaroche qui s'efforça de le consoler. « Tout peut encore se réparer, lui dit-il, et désormais vous viendrez à mon atelier sans rétribution. »

Mais le prix de paysage ne s'octroyait que tous les quatre ans! ainsi le voulait le règlement. Tant pis pour celui qui avait du talent dans l'intervalle. Devant un tel retard, il se découragea et délaissa bientôt l'atelier de Delaroche. Aussi bien il était allé un jour étudier d'après nature avec quelques camarades, et ce premier essai fut pour lui une révélation.

La campagne, qu'il n'avait regardée jusqu'ici qu'à travers le microscope de de La Berge ou les conventions de l'école, se transfigura à ses yeux éblouis et lui apparut éclatante de beauté. Il crut voir se lever subitement sur un monde jeune, vivant et radieux, ce rideau de théâtre barbouillé de rochers, de cascades, de fabriques et de temples grecs, qui tout à l'heure encore lui cachait la lumière et la vérité. La nature lui parla le langage caressant qu'elle murmure à ceux qui l'aiment, et il comprit qu'il fallait se livrer tout entier à elle pour lui dérober le secret de sa mystérieuse poésie. Il observa les épisodes rustiques des travaux des champs ; il suivit du regard le coup de soleil qui rit sur la plaine, le nuage qui assombrit le sommet du coteau et passe comme une pensée triste sur le front. Il se demanda comment, en présence de ce modèle

inépuisable dans sa variété et dans ses accidents, plein
tout à la fois de magnificence et de simplicité, on
pouvait s'attarder encore aux chemins battus de la
routine. Il se promit d'oublier tout ce qu'il avait
appris, tout, jusqu'à cette banale adresse à laquelle il
avait déjà rompu sa main, et il résolut de refaire une
virginité à son pinceau, en le régénérant à cette source
féconde de l'amour du vrai.

Que ne pouvait-il à son gré battre les sentiers et
les buissons, plantant son chevalet dans la prairie, sur
la lisière du bois, aux bords du fleuve, depuis l'aube
jusqu'au crépuscule. Mais d'impérieuses nécessités
l'enchaînaient trop souvent au logis. Il avait à faire
face à des besoins toujours croissants; heureusement
l'aiguillon de la nécessité décuple les forces des caractères bien trempés : Daubigny redoublait d'énergie à
mesure qu'augmentaient les charges de son ménage,
charges que la mort de son beau-frère Trimolet venait
encore aggraver. Ce qu'il dessina de vignettes, le soir,
à la lampe, pour Curmer, Ernest Bourdin, Delloye,
Hetzel, Furne, Hachette, est chose inconcevable. Il
n'est pas une édition illustrée à laquelle n'ait concouru son crayon. Il se soumit également à une production effrénée de croquis à la plume, lavis sur
pierre, qui eût éteint la verve de vingt autres, mais à
laquelle résista sa puissante vitalité.

Quand il avait bravement accompli le labeur de la
semaine, il s'échappait alors avec des émotions d'éco-

lier. C'était du côté de l'Isle-Adam, à Valmondois, qu'il faisait de préférence l'école buissonnière. Il y avait été autrefois en nourrice, et la bonne mère Bazot l'accueillait toujours à bras ouverts. Que de fois ils partirent à pied, la nuit, Geoffroy et lui, pour pouvoir dessiner tout le jour dans les herbes odorantes, sous les pommiers où s'enlacent les vignes! Telle est l'origine de la belle passion dont Daubigny s'éprit pour ces parages verdoyants. Cela explique pourquoi l'on rencontre déjà, dans les vignettes de ses débuts, de fréquents souvenirs du Valmondois; pourquoi, plus tard, il plantera sa maison à Auvers et y entraînera ses amis Geoffroy et Daumier qui passent l'été, l'un à Orgivaux et l'autre à Valmondois; pourquoi enfin Daubigny a donné pour titre à l'un de ses paysages du dernier Salon : *la Maison de la mère Bazot*. Pauvre mère Bazot, ce n'était plus pour elle, hélas! que de la gloire posthume!

Daubigny n'alla pas chercher loin le sujet du tableau qu'il exposa, pour son début, au Salon de 1838. C'était une vue du chevet de Notre-Dame de Paris et de l'île Saint-Louis, prise de la pointe de l'île Louviers. A partir de ce moment, nous le voyons assidu aux expositions, celles de 1842 et 1846 exceptées. Il affrontait gaiement les sévérités du jury académique, qui le maltraita quelquefois, mais n'eut jamais raison de sa persévérance et de sa bonne humeur.

C'est au Salon de 1848 que Daubigny commença

réellement à prendre date. Il exposa, cette année-là, cinq paysages d'un sentiment délicat, qui furent récompensés d'une seconde médaille. Un petit héritage qu'il fit à cette époque lui permit d'étendre un peu la circonscription de ses voyages. Il visita le Dauphiné, le Morvan, et le Salon de 1850-1851 montra ce gracieux talent tout frais épanoui. Les connaisseurs et les artistes n'ont pas oublié *les Laveuses de la rivière d'Oullins*, les vertes *Saulées*, *la Péniche* et *la Vendange* ensoleillée où scintillait la rosée à travers le brouillard. Daubigny est désormais en possession de lui-même. En 1852, le peintre de *la Moisson* fut salué par de sympathiques applaudissements; on éprouvait une véritable sensation de bien-être devant cette peinture vigoureuse et resplendissante où s'agitait, au milieu des blés, des meules et des attelages, tout un monde hâlé de faneuses, de charretiers et de botteleurs. L'emploi du couteau empâtait en maints endroits les contours, et le dessin de cet ouvrage était quelque peu sacrifié à la puissance de la lumière et à l'unité de l'effet; aussi lui reprocha-t-on d'être plutôt une splendide esquisse qu'une œuvre terminée. Mais Daubigny réduisit l'année suivante la critique au silence : *L'étang de Gylieu*, *le Vallon d'Optevoz* et *l'Entrée de village* le mettaient hors de pair, et lui valurent la première médaille.

Ces trois œuvres charmantes furent, avec *la Vallée de la Touque*, de Troyon, et, dans un autre genre,

le Marché aux chevaux de Rosa Bonheur, la grande
attraction du Salon. Fatigué de sa course à travers
quatre mille objets d'art, le visiteur aimait à reposer
sa vue sur ces pages tranquilles, comme un voyageur
haletant s'arrête à une source pure pour s'y rafraîchir.
Nous ne saurions donner une idée plus exacte de la
sensation qu'elles produisirent, qu'en laissant parler
un compte rendu du temps :

« Ne vous est-il pas arrivé, dans vos explorations
de touriste, de voir tout à coup s'ouvrir, sous vos pas,
dans un pli de terrain, un petit vallon, calme, reposé,
plein de formes élégantes et tranquilles, de couleurs
discrètes et harmonieuses, d'ombres et de clartés adou-
cies, bordé par des coteaux aux croupes amènes et
fuyantes, et dont aucun pas ne semblait avoir troublé
le poétique silence ? Un étang, placé là comme un miroir, en réfléchissait l'image, et portait sur les bords de
sa coupe des gerbes de roseaux, de pas-d'âne, de flè-
ches et de fraisiers d'eau, les fleurs blanches et jaunes du
nénuphar, au milieu desquelles fourmillait un monde
bourdonnant d'insectes et de moucherons. A votre
approche, quelque cigogne occupée à lustrer son plu-
mage, s'envolait en faisant claquer son bec; la bécas-
sine filait en poussant son petit cri; puis tout retom-
bait dans le silence, et le vallon, vous accueillant
comme un hôte, reprenait sous vos yeux son mystérieux travail. C'est cet effet, ces couleurs et ces har-

DAUBIGNY

monies qu'a rendus M. Daubigny dans *l'Étang de Gylieu*. La limpidité des eaux, la clarté et la finesse du ciel, la fraîcheur de l'air sont intraduisibles. Ce tableau s'aspire autant qu'il se regarde, et il s'en échappe je ne sais quel arome de feuille mouillée qui finit par vous enivrer.

« La vérité du second tableau de M. Daubigny est encore plus vraie. La vue se repose partout avec plaisir, et flotte indécise entre le saphir du ciel et le velours des végétations; l'odorat sent le trèfle et le foin; l'ouïe entend le bourdonnement des mouches et le pétillement de la lumière sur les blés. »

(Comte L. CLÉMENT DE RIS, l'Artiste, 15 juin 1853.)

Par suite du caractère rétrospectif que l'on donna au concours universel de 1855, les maîtres d'alors qui, comme Decamps, Ingres, Horace Vernet, Gudin, Th. Rousseau, etc., saisirent cette occasion unique de remettre leur œuvre entier sous les yeux du public, accaparèrent l'attention un peu au détriment de leurs confrères plus jeunes, *Le Pré à Valmondois*, *la Mare au bord de la mer*, *le Ru d'Orgivaux*, *l'Écluse d'Optevoz*, impressions délicates, ébauches légères et limpides que Daubigny exposa, furent un peu étouffés au milieu de cette confuse Babel. On peut toutefois juger de leur qualité par *l'Écluse d'Optevoz* du musée du Luxembourg. C'est une page d'une exquise suavité de coloris, où la fluidité de l'air, les transparences

des eaux, les douces verdures rassérènent le cœur
autant qu'elles reposent la vue.

Le Salon de 1857 reste dans la carrière de Daubigny comme une date mémorable. *Le Printemps* et *la
Vallée d'Optevoz* montrent à leur plus haut degré de
développement les qualités qu'il a toujours poursui-
vies jusqu'ici : la vérité du ton local, une justesse
d'indications qui supplée au fini, la délicatesse d'un
pinceau qui effleure, affirme, passe et souligne à
propos; la fraîcheur osée d'une palette rajeunie aux
blondes clartés des champs, cette sincérité absolue qui
fait toute sa poétique et, par-dessus tout, ce sentiment
d'effacement de l'artiste qui peint la nature pour elle-
même, ne s'impose pas au spectateur, et double par
cette discrétion même la puissance d'illusion de son
œuvre, sinon sa portée morale. *Le Printemps* est une
savoureuse peinture qui nous enveloppe dans les
molles tiédeurs d'un jour de mai; mais il offre à la
fois les qualités et le *desideratum* que porte avec elle,
au point de vue des exigences d'une critique supérieure, toute œuvre où le peintre ne s'est pas élevé du
caractère particulier du motif à un sens plus général.
Le Printemps, avec ses souplesses de pinceau, ses
virtuosités de coloration, n'est qu'une admirable étude
de grande proportion; c'est un coin de verger et de
champ au printemps; ce n'est pas le poëme du printemps; on sent que le peintre, épris des coquetteries
de ces tendres verdures où s'enchâssent, comme rubis

et diamants, les fleurs des pommiers, a planté là son chevalet, sans souci des lignes boiteuses du tableau.

A dire vrai, cette œuvre nous apporte de si fraîches sensations, que jusqu'ici je m'y suis toujours livré sans gâter ma jouissance par une intempestive esthétique. Mais aujourd'hui que j'essaye de me rendre compte des diverses étapes qu'a parcourues Daubigny depuis son point de départ jusqu'au sommet où il est parvenu, je ne veux pas reculer devant les rigoureuses conséquences de mon analyse.

La grande *Vallée d'Optevoz* est supérieure au *Printemps,* parce qu'elle joint aux qualités d'exécution de l'étude d'après nature les conditions essentielles de lignes et d'assiette d'un tableau. Le peintre a été servi, dira-t-on, par le beau caractère du motif; mais choisir, c'est composer, c'est déjà créer dans une certaine mesure, puisque aussi bien nous cherchons toujours dans la nature les rhythmes, les formes qui dominent confusément notre imagination. *La Vallée d'Optevoz* sera, dans l'œuvre entier du peintre, une des pages qui plaideront le plus victorieusement sa cause devant la postérité. Quand, en 1867, à dix ans de distance, nous la retrouvâmes à ce vaste procès en révision de la peinture contemporaine, qui tint ses assises au Champ de Mars, elle nous apparut encore telle qu'elle était restée dans nos souvenirs : large, simple, magistrale.

Les Bords de l'Oise, du Salon de 1859, ne présen-

taient pas la sévérité de style par laquelle *la Vallée d'Optevoz* se rattachait au grand art; mais cette peinture
rachetait si délicieusement ce qui lui manquait du côté
du caractère par l'harmonieuse unité de ses colorations,
par l'atmosphère ambrée qui l'enveloppait que, sous
ce rapport du moins, elle marquait peut-être un progrès nouveau. Pendant que les artistes reconnaissaient
dans *les Bords de l'Oise,* comme dans *les Graves de
Villerville,* les dons d'une organisation exceptionnelle,
le public se laissait entrainer aux séductions du motif,
à la fraicheur de ces eaux paresseuses. Le succès du
Bateau de l'Oise prit les proportions d'un succès de
vogue, et Daubigny devint définitivement célèbre.

Le jury avait décerné, pour la seconde fois, la
première médaille à Daubigny en 1857. Il renouvela
une troisième fois en 1859 cette démonstration signi-
ficative. C'était une espèce de mise en demeure que
l'administration comprit. Elle répara de bonne grâce
l'oubli de 1857, et la nomination de Daubigny dans
l'ordre de la Légion d'honneur souleva des bravos
prolongés à la séance solennelle de distribution des
récompenses où son nom fut proclamé. L'administration fit mieux encore. Elle commanda au peintre deux
panneaux décoratifs : *Cerfs et Hérons*, pour le
salon d'introduction du ministère d'Etat, devenu la
résidence actuelle du ministre des finances au Louvre.
Les deux bois, dessinés par Daubigny et gravés par
Peulot pour le *Monde illustré*, donnent bien l'allure

de ces compositions, et l'on peut s'en rapporter au
coloriste quant à la façon dont il a su harmoniser son
travail avec la décoration générale de l'appartement.
Nous avons vu autrefois ces peintures, et elles nous
ont laissé une impression très-favorable.

Daubigny peignit, l'année suivante, deux autres
panneaux dans le grand escalier du même ministère.
Ils représentent, l'un : *l'Ancien Pavillon de Flore*, vu
de la rive gauche de la Seine, en amont du Pont-
Royal; le second, *le Grand Bassin du jardin des Tui-*
leries et *le Palais*, au fond de la grande allée des
marronniers. Ces deux peintures, moins solennelles
que les premières, mais d'une grande liberté d'exécution et d'une remarquable vigueur de ton, présen-
tent des lignes fermes qui s'agencent heureusement
avec les détails symétriques de l'ornementation de
l'escalier.

Pour en revenir au *Bateau de l'Oise* de 1859, —
qui fait aujourd'hui partie du musée de Bordeaux,
— il avait été d'autant plus vivement convoité des
amateurs qu'il n'était pas à vendre. Il appartenait à
M. Nadar. Daubigny dut en faire une ou plusieurs répé-
titions, comme il avait déjà fait de *l'Étang de Gylieu*.
Les marchands prirent le chemin du modeste atelier
du quai d'Anjou; mais, ainsi qu'il arrive de tous les
succès de vogue, celui-ci entraîna avec lui ses inévitables inconvénients. Il fit de Daubigny le peintre
assermenté des bords de rivière; amateurs ni mar-

chands ne lui permirent plus d'aller chercher dans des pays plus sévères des inspirations plus élevées.

C'est alors qu'il se fit construire un bateau avec lequel il se laissait aller au fil de l'eau de l'Ile-Adam Conflans, de Conflans à Bonnières, aux Andelys, voire jusqu'à Pont-de-l'Arche. Tous les sites enchanteurs, tous les caprices de la rive, venaient se refléter et se fixer dans les prestigieuses ébauches du peintre, comme sur un miroir fidèle. Ce fut sur le *Botin*, — puisqu'il faut l'appeler par son nom, — que Karl Daubigny fit ses premières armes. L'élève a fait depuis honneur à son maître, et gagnera, un jour, lui aussi, ses grades de maîtrise. Nous retrouverons le *Botin* quand nous parlerons des eaux-fortes de Daubigny; mais, avant d'aller plus loin, nous demandons à présenter amicalement Karl au lecteur.

Daubigny (Charles-Pierre, dit *Karl*) naquit en 1846. Les influences du milieu artistique où il grandit, jointes aux aptitudes particulières qui sont chez lui comme un héritage de famille, développèrent rapidement son goût pour la peinture. Toujours aux côtés de son père, l'accompagnant dans toutes ses excursions, il apprit à peindre en jouant, et manifesta bientôt les dispositions plus heureuses. Il figura au Salon de 1863 avec deux paysages pris à Auvers. Il avait dix-sept ans! Nous constatons ce début précoce sans croire que ce soit là pour un artiste un avantage bien enviable. Mais Karl a l'amour du travail; il continua d'étudier; il cultiva ses dons de coloriste sous l'œil de son père et, pendant plusieurs années, dessina, le soir, d'après le modèle, dans les ateliers d'académies de Suisse et autres.

Il sentit bientôt d'ailleurs la nécessité de sortir du paysage où d'inévitables affinités de tempérament lui attiraient le reproche d'imiter son père. Il résolut de traiter des sujets rustiques, des scènes maritimes où les figures deviendraient l'intérêt capital du tableau, et s'en fut se dépayser en Bretagne. Il revint de ce premier voyage avec de bonnes études de rochers à marée basse et *les Vanneuses de Kérity (Finistère)*. Cette toile, qui rachetait une coloration un peu noire par beaucoup de tournure et d'accent, valut une médaille au jeune artiste à la suite du Salon de 1868. Le second tableau de Karl Daubigny, *le Plateau de Belle-Croix, forêt de Fontainebleau*, également médaillé, figure actuellement au musée de Bordeaux. Il avait alors vingt-deux ans.

Karl ne se laissa pas éblouir par ce premier succès. Il comprit, au contraire, les devoirs qu'il lui imposait, et ne cessa de réaliser de notables progrès dans les tableaux qui suivirent : *les Rochers de Pen'marck (Finistère)*, *les Bateaux pécheurs du Tréport* (Salon de 1869), *le Retour de la pêche à Trouville* (Salon de 1872), — tableau acquis par la direction des Beaux-Arts, et placé au musée de Rouen; — *les Pécheurs de Cancale* (1873). Enfin ses envois au Salon de 1874, *la Ferme Saint-Siméon au printemps, environs d'Honfleur,* et *la Route dans la forêt de Fontainebleau,* si remarquable par ses masses vigoureuses et ses lumineuses colorations reflétées, attirent justement l'attention du jury qui lui décerne une troisième médaille. Sa palette s'est éclaircie, sa touche a pris de la légèreté, l'air circule plus librement dans ses toiles désormais dégagées du noir qui les étouffait un peu; et son dernier tableau, *la Vallée de la Scie, près Dieppe* (Salon de 1875), nous paraît le meilleur qu'il ait encore produit. Karl a signé quelques eaux-fortes très-intelligemment traitées. L'on trouvera, dans ce volume, deux de ses premiers essais en ce genre. Ajoutons qu'il est honorablement coté à l'Hôtel Drouot, et que ses petits panneaux représentant des *Vues des bords de l'Oise,* des *Vues des côtes de Normandie,* des *Souvenirs du voyage* qu'il fit en Hollande en compagnie de son père (1871), jouissent auprès des amateurs d'une faveur méritée.

Nous voilà loin du *Botin* où nous avons laissé tout à l'heure notre excellent paysagiste. Outre cet atelier flottant où s'ébauchaient, selon les bonnes fortunes du voyage, tant de charmants panneaux, Daubigny rêvait un atelier moins fantaisiste, où il pût essayer les tentatives qu'il préméditait et échapper à la pression des marchands. Il se fit bâtir une maison à Auvers où, déjà depuis quelques étés, il campait tant bien que mal avec sa famille. Oudinot en fut l'architecte; Corot,

Daumier, Karl Daubigny et Oudinot en furent les décorateurs. M. Charles Yriarte, à propos d'une visite qu'il fit à Daubigny, a donné dans le *Monde illustré* (27 juin 1868) une spirituelle et humoristique description de cette hospitalière habitation. Qu'il nous suffise de dire que son mérite capital, aux yeux de Daubigny, consistait dans un vaste atelier où il put enfin brosser à l'aise les grandes toiles qu'il projetait depuis longtemps.

C'est de là que sortirent non-seulement *la Vendange*, du Salon de 1863, *le Clair de lune* (de 1865), *le Printemps* et *le Lever de lune*, du Salon de 1868, mais encore la plupart des œuvres où Daubigny se mesurait avec des difficultés encore insurmontées, et dont on aime à cacher les tâtonnements inévitables et les avortements possibles au regard des indifférents.

Pourquoi, dira-t-on, puisqu'il touche à la perfection dans une voie qui lui a réussi, Daubigny ne se tient-il pas exclusivement sur ce terrain où il n'a plus qu'à récolter gloire et fortune? C'est que l'artiste véritablement digne de ce nom a en soi un juge plus sévère, plus clairvoyant, plus intègre, plus inflexible que le public. Il courra, s'il le faut, le risque de chutes douloureuses, mais il obéira à ce fatal besoin qui le tourmente d'aspirer au mieux, de s'élever plus haut. Daubigny avait apporté dans le paysage une palette et un sentiment nouveaux. Il avait atteint la vérité, la souplesse, la fraîcheur, la grâce intime et

familière; il lui restait à conquérir la force. Il avait
réussi d'admirables pages qui n'étaient encore à ses
yeux que des tableaux-études. Au lieu de localiser,
comme il avait fait jusqu'ici, il voulait généraliser le
sens de ses œuvres, concevoir des tableaux, créer
enfin! Il est dans la nature des effets, des heures, des
impressions qui ne posent pas pour le peintre, et
devant lesquels l'artiste qui n'a pas dompté toutes les
difficultés de son art, sent douloureusement son
impuissance. C'est cette suprême évolution qu'il a
voulu accomplir.

Le Parc à moutons, et *le Lever de lune*, du Salon
de 1861, attestent ces préoccupations nouvelles. Ils
furent une déception pour la foule qui ne reconnais-
sait plus là le peintre aimable des vergers fleuris.
Elle reprocha à Daubigny leur exécution lâchée, con-
séquence probable du trouble momentané qu'apportait chez lui la transformation qui s'opérait dans son
talent. *Le Village près Bonnières*, qui n'en compte
pas moins parmi les bonnes productions du peintre,
parut noir. Peu s'en fallut qu'on ne criât au réalisme
au moment où précisément il faisait un pas qui l'en
éloignait. Ne voulait-il pas, en effet, résumer des
impressions au lieu de peindre des coins et des mor-
ceaux, substituer aux tons positifs des colorations modi-
fiées et relatives, sacrifier un peu de la vérité littérale
pour faire la part plus large à l'interprétation?

Mais c'étaient là, entre Daubigny et le public, de

légers nuages qui se dissipaient aisément. Avec une toile peinte franchement sur nature comme *le Matin* et *les Bords de l'Oise à Auvers*, du Salon de 1863, *le Château et le Parc de Saint-Cloud*, du Salon de 1865, *les Bords de l'Oise près la Bonneville*, du Salon de 1866, *le Pré des Graves à Villerville*, du Salon de 1870, il se faisait pardonner des tentatives plus audacieuses, comme *les Levers de lune*, de 1865 et 1868, *la Mare dans le Morvan*, de 1869, qui, de leur côté, intéressaient vivement les artistes par leur fougue et leur accent.

Daubigny eut donc cette bonne fortune de se concilier tout à la fois les suffrages des artistes et les sympathies du public. Son exemple donne un démenti à ce mot amer de Préault : « Dans les arts, quand la foule arrive, l'élite se retire... » C'est qu'en dépit d'une production incessante, parfois un peu trop hâtive, à laquelle il se livre, — non certes par amour de l'or, mais par facilité d'humeur, parce qu'il est tout à tous et sait mal résister aux obsessions, — il n'est pas une de ces peintures qui ne porte la griffe du maître, et où l'on ne retrouve cette sûreté du coup d'œil et ce sentiment supérieur de l'harmonie que nul ne possède à un plus haut degré.

Servi par les dons naturels les plus brillants, sa facilité de travail est prodigieuse ; on ne sent dans ses œuvres nulle trace d'effort ; on ne s'y heurte jamais à ces luttes intéressantes, mais néanmoins pénibles, de la volonté contre les résistances d'une nature rebelle. Tout dans son talent est prime-sautier, sain, ouvert, point morose, jamais vulgaire, toujours intelligible, plein de relief et de vie.

Grâce à l'heureux équilibre de ses facultés artistiques, son œuvre présente un grand caractère d'unité. Sauf le moment de crise que nous avons signalé au Salon de 1861, et où s'arrète plus particulièrement la série des tableaux clairs, le talent de Daubigny n'offre aucun exemple de ces transformations inquiètes où s'épuisent tant d'artistes tourmentés. Le Salon de 1861 est plutôt le point de départ d'un développement nouveau de son talent. Ses préoccupations constantes de coloriste visent à un but radieux : la vigueur sans noir, le blond dans le puissant. Il a, croyons-nous, complétement atteint ce résultat dans les tableaux qu'il envoya à l'Exposition universelle de Vienne en 1873 : *le Lever de lune*, remanié du Salon de 1868, et *la Plage de Villerville au soleil couchant*. Ce sont deux pages admirables où la splendeur souveraine de la science vient s'ajouter aux intuitions du sentiment.

Daubigny a été promu au grade d'officier de la Légion d'honneur, à la suite de ce concours solennel où il avait si brillamment contribué à maintenir la suprématie de notre école. Le décret de nomination est du 7 juillet 1874. Cette nouvelle distinction fut d'autant plus généralement approuvée, que l'opinion la lui décernait déjà pour sa remarquable participation à l'Exposition de 1874. *Les Champs au mois de juin* unissaient les vaillantes audaces à une sûreté, à une justesse magistrales; et *la Maison de la mère Baҙot*, effet de soir plein de sérénité, d'une coloration limpide, comptera, ainsi que *le Champ de Coquelicots*, parmi les meilleures productions de l'éminent paysagiste.

Daubigny, le premier peut-être, a peint entièrement d'après nature des tableaux de grande dimension. Il n'a jamais abandonné cette sage pratique, et en 1872 encore, il a rapporté de Cauterets, où il était allé chercher la santé, une curieuse étude de cascade qui a toute la verdeur de ses travaux de 1853 à 1857. Tous ses tableaux généralement sont sinon terminés, du moins ébauchés sur place. Le *Villerville sur mer*, du Salon de 1864, a été, entre autres, complétement exécuté sur le terrain. Daubigny avait fixé sa toile à des pieux solidement plantés en terre, et elle y resta exposée en permanence aux coups de corne des ruminants et aux espiègleries des polissons jusqu'à parfait achèvement. Le peintre avait précisément adopté un ciel gris mouvementé, avec de gros nuages que le vent chasse avec colère. Il guettait le moment favorable et courait y travailler aussitôt que le temps se déclarait dans le sens de l'impression du tableau.

Cette façon de procéder est d'autant plus méritoire qu'aux difficultés matérielles que créent les intempéries, le vent, les caprices de l'effet, se joi-

gnent celles qui résultent de l'âge, de la santé, etc. ;
car, moins privilégié sous ce rapport que notre grand et
à jamais regretté Corot, qui n'attrapa son premier
rhume qu'à soixante ans, Daubigny connaît déjà la
goutte, l'asthme et la bronchite... Corot, il est vrai, né
avec de la fortune, trouva sa vie toute faite. Daubigny,
lui, fut élevé à la rude école de la privation, et les
luttes de sa jeunesse ont peut-être un peu entamé ce
tempérament robuste. Corot! Daubigny! noms que la
pensée se plaît à associer, que la postérité ne séparera
point. Talents sympathiques, non sans points de contact, mais pourtant dissemblables ; l'un qui descend en
ligne directe de Claude Lorrain, l'autre qui n'a pas
d'ancêtres ; l'un qui eût pu montrer ses parchemins
classiques en règle, l'autre qui peint comme le rossignol
chante, sans s'inquiéter d'où viennent ni où vont ses
vocalises ; un peu parents tous deux de La Fontaine,
l'un par sa bonhomie mêlée toujours de fine raison,
l'autre par les écarts de la Folle du logis ; l'un qui par
La Fontaine remonte à Théocrite et à Virgile ; l'autre
qui est tout simplement « le paysagiste », comme La
Fontaine était « le fablier ! »

Daubigny est resté, dans le succès, le franc et
simple travailleur que nous avons connu à l'île Saint-
Louis. Il est bien l'homme de sa peinture ; communicatif, ardent, chaleureux ; il a le talent, — comme le
cœur, — sur la main. Tout chez lui dérive de la sensation. Son imagination colorée procède par éclairs. Il

n'argumente pas ; il jette des lueurs ; intelligent, mais mobile à l'excès, difficilement attentif et volontiers distrait, se laissant vivre sans regarder en arrière, et oubliant au jour le jour, ce n'est pas lui qui colligera jamais les journaux qui le louent, les notes qui le concernent, pour tenir le dossier de sa vie à la disposition des biographes, et se présenter décemment devant la postérité.

Dans la belle situation que son talent lui a faite, il a conservé les modestes habitudes de sa vie d'autrefois. Incapable de calcul, il est désintéressé jusque dans ses économies ; et dans le splendide atelier de la rue Notre-Dame-de-Lorette, comme dans celui du quai d'Anjou, il prépare lui-même ses toiles et ses panneaux sans se douter qu'au prix où montent ses œuvres cette perte de temps constitue une fantaisie de millionnaire. « Venez avec moi, — me dit-il un jour à Auvers, — je vais peindre le *Botin*... » Je crus qu'il s'agissait d'une de ces vives pochades des *Bords de l'Oise*, où le bateau figure amarré à des saules ; mais je vis bientôt, à ma grande surprise, Daubigny badigeonnant à tour de bras la cabane du *Botin*. Cela lui eût coûté moins cher assurément de charger de cette opération son confrère, le peintre en bâtiments de la localité. Mais ne faut-il pas après tout qu'il se repose un peu de son rôle de peintre en réputation, et ne préférons-nous pas le voir simple et naïf comme cela plutôt qu'animé du perpétuel souci de ses intérêts?

N'attendez pas de lui qu'il exploite jamais à l'amé-
ricaine l'énorme capital représenté par sa palette!

Tel j'ai montré Daubigny, tel il est chez lui au
milieu de cette prodigieuse multitude d'esquisses qui
s'étalent tout autour de l'atelier comme une vivante
ceinture de souvenirs. Il y a là des plages à marée
basse, des récoltes de varech, des embarquements de
bateaux pêcheurs rapportés de ses nombreuses excursions sur les côtes de Bretagne et de Normandie; des
souvenirs du Morvan, de la Bresse, du Vivarais, du
Dauphiné, de la Picardie; des Tamises embrumées
qui datent du premier voyage qu'il fit en Angleterre
en 1866, et d'où il rapporta une série de dessins
pleins de *maestria;* ce sont encore des canaux et des
moulins de la Hollande qu'il parcourut en 1871 avec
Karl; des posadas, et des rues de villes espagnoles sai-
sies pendant la rapide tournée qu'il fit, en 1868, avec
Henri Regnault, au delà des Pyrénées. Puis des piles
de tableaux qui s'entassent dans les coins, des toiles
inachevées qui attendent sur les chevalets le coup de
brosse de la fin; mais ne cherchez de l'œil aucun de
ces mille riens qui sont l'ornement parasite de tant
d'ateliers. Tout ici respire le travail, et le luxe capital
de l'atelier de Daubigny, ce sont tout bonnement...
les peintures de Daubigny!

LE GRAVEUR

Nous venons de parcourir la brillante carrière de Daubigny paysagiste. Il nous reste à étudier le graveur. Nous reprendrons pour cela Daubigny à l'époque de ses débuts dans la vie artistique, où nous le voyons apporter tout d'abord les heureux priviléges de sa nature droite, simple et modeste. Daubigny a toujours été de ceux à qui, selon l'expression populaire, le travail ne fait pas peur. Il n'a jamais cru compromettre sa dignité en mettant la main à des travaux d'un ordre inférieur, bien différent en cela de ces jeunes artistes qui, sous prétexte d'art, dédaignent les différentes applications industrielles de leur mince talent et préfèrent traîner, comme une protestation, leur orgueilleuse misère d'incompris. Daubigny a victorieusement prouvé que l'on peut faire sans danger la part du métier et celle de l'art. Il a fait mieux encore : en dirigeant naturellement son labeur quotidien dans le sens de ses aptitudes et de ses goûts, il a

mis de l'art jusque dans le métier et a mérité que ces
travaux, tout inférieurs qu'ils fussent, ne demeuras-
sent pas oubliés.

Daubigny acceptait donc avec son inaltérable
bonne humeur les diverses besognes qu'on lui deman-
dait. Il a dessiné pour le commerce jusqu'à des
vignettes de prospectus, entre autres pour la maison
Lorilleux, fabricant d'encres typographiques, pour
l'école de natation de l'hôtel Lambert. Nous connaissons de lui une vue lithographiée d'une maison à louer
à Argenteuil, avec indication des moyens de transport,
heures des trains et prix des places (1844); deux vues
lithographiées représentant la maison et le jardin d'un
pensionnat de demoiselles tenu à Bourg-la-Reine par
Mme Dautel, à la famille de qui il était allié par le
mariage de son oncle, Pierre Daubigny (1847). La
maison est d'un aspect riant, fenêtres ouvertes au
soleil, et, sous les charmilles du jardin, les fillettes
jouent, courent, sautent à la corde. Il y a, je crois,
une gymnastique. C'est le prospectus traditionnel : bon
air, vaste établissement, etc. Puis c'est la vue d'un
phalanstère, composé d'après la théorie de Fourier
par Fouyère et lithographié par Daubigny (imprimerie
Prodhomme); quoi encore? Des études de bouillon-
blanc, de chardon, etc. (Lemercier, imp.)

Mais c'est surtout dans la librairie parisienne que
Daubigny devait trouver une source lucrative de travaux. Ce fut le dessinateur sur bois qui nourrit pen-

dant longtemps le paysagiste. Celui-ci, relativement indépendant, put étudier à loisir, suivre librement son sentiment personnel, éviter ces funestes concessions auxquelles le besoin de vendre à tout prix condamne tant de peintres qui produisent avant d'avoir étudié et courent au succès rapide et de mauvais aloi. Du reste, le sentiment original du jeune artiste se révélait jusque dans ses moindres vignettes, qu'il dessinait autant que possible d'après nature; et c'est plaisir de rencontrer, çà et là, en feuilletant les éditions illustrées de cette époque, ces paysages naïfs et justes, ces petits tableaux rustiques débordant d'une joie sereine qui respiraient le sincère amour des champs, le goût du vrai, du simple, et montrent jusque dans les moindres entrelacs de branches et de fleurs les fraîches inspirations d'une jeune et abondante imagination.

Daubigny a semé ses gracieuses compositions et ses petits paysages naïfs dans les éditions illustrées que publièrent, de 1842 à 1848, Curmer, H.-L. Delloye, Ernest Bourdin, Gosselin, Hetzel, etc. Il collaborait d'ailleurs en bonne compagnie : Tony Johannot, Gavarni, Eug. Lami, Daumier, Steinheil, Trimolet, Français, voire même Meissonier. Si les mauvaises qualités des papiers ne destinaient malheureusement les livres, souvent frivoles, de cette période à une prompte destruction, les noms de ceux qui les ont *illustrés* — le mot est littéralement vrai — suffiraient à les sauver de l'oubli.

Il n'entre pas dans notre cadre de décrire et de classer tous les dessins échappés à l'infatigable crayon de Daubigny. Ils sont non moins nombreux que disséminés ; nous essaeyrons néanmoins d'indiquer sommairement, à la suite du catalogue de ses eaux-fortes, les ouvrages auxquels il a collaboré et de signaler les plus importants de ses dessins sur bois. Car ce serait négliger un des côtés intéressants de la personnalité de Daubigny que de passer sous silence des travaux qui attestent de sa part non‑seulement la bonne et consciencieuse habitude de consulter toujours la nature, mais encore la merveilleuse souplesse d'assimilation dont son imagination était douée. Il ne s'est pas borné, en effet, à ces petits tableaux des mœurs parisiennes qu'il pouvait saisir sur le vif, à ces coins du Paris populaire qu'il a rendus avec un accent si particulier : dans cette série de travaux, les dessins qu'il a exécutés pour *la Grande ville, le Nouveau tableau de Paris, le Diable à Paris, l'Album-revue de l'Industrie parisienne,* empruntent aujourd'hui à leur cachet de scrupuleuse vérité l'intérêt d'un document historique. Mais Daubigny a composé, en outre, des dessins d'un goût et d'un style charmants pour des œuvres plus sévères. Il a enrichi le *Télémaque* (édition Bourdin) de têtes de chapitres qui réalisent sous la forme la plus poétique les paysages idéals décrits par Fénelon. Toutes ces têtes de chapitres consistent en un petit bois qui occupe le haut de la page et se prolonge en descendant sur la partie gauche jusqu'aux caractères typographiques. Ce remplissage, pour n'être point lourd et ridicule, veut être traité avec infiniment de goût. Tantôt Daubigny en fait un précipice où tombe une cascade; tantôt ce sont des frondaisons, des lianes flexibles, des volubilis épanouis, des aloès, des nénuphars, des folioles légères où se posent les libellules, des touffes d'herbe sous lesquelles glissent les couleuvres.

Quant aux petits paysages eux-mêmes, ils ont une suavité élyséenne, un charme pastoral dignes de l'écrivain dont ils traduisent la pensée.

Dans un ordre d'idées également élevé, mais dans un sentiment tout différent, Daubigny a concouru à la publication d'une *Vie des saints* (H.-L. Delloye, 1845) où il a réuni, dans de petits médaillons reliés les uns aux autres par d'ingénieuses combinaisons de branchages et de plantes, les divers sujets de la vie que son crayon raconte en regard du texte. La Bible (édition Lavoignat) qu'il a illustrée avec son ami Steinheil n'est pas moins intéressante à feuilleter. Bien que l'élève de l'École des beaux-arts fasse appel, dans les dessins qu'il exécute pour cet ouvrage, à ses souvenirs les plus classiques, il en corrige à son insu la sévérité par je ne sais quel accent de nature qui fait vivre ses arbres et circuler dans son paysage comme une brise fraîche et embaumée.

Dans *Notre-Dame de Paris* (édition Perrotin, 1844),

je ne dirai pas : nouvelle transformation; car je retrouve là, comme dans tous ses autres travaux, les caractères essentiels de la personnalité de Daubigny, le goût sans prétention, la bonhomie sans lourdeur, l'amour du vrai; mais il y montre, sous un aspect imprévu, ses rares instincts de coloriste. N'était-ce pas là pour lui une occasion toute naturelle de s'essayer aux effets de lune et aux effets de nuit, qui abondent dans le livre, et dont la muse du romantisme fait, comme chacun sait, une si large consommation?

Les grands « bois » du Livre, publiés hors texte, *Vue de la Bastille, Pointe de la Cité, Gibet de Montfaucon,* ont été dessinés d'après des documents anciens, et offrent peu d'intérêt; mais les culs-de-lampe sont tous à signaler. Ce sont des détails de la cathédrale de Paris relevés soigneusement d'après nature : tours, galeries, clochetons, contre-forts, cellule de Claude Frollo, chambre d'Esmeralda, etc., rendus avec un sentiment de l'effet pittoresque qui n'exclut pas la précision et la fermeté du dessin.

Les petits « bois » dont daubigny a enrichi les *Mystères de Paris,* édition Delloye, suffisent à recommander aux amateurs ce livre aujourd'hui démodé. Il apporte encore le concours de son crayon à la brochure qu'édite Curmer sur *le Retour des cendres de l'empereur Napoléon I*er. Quelques années plus tard, la révolution de 1848 éclate; on demande à Dau-

bigny trois dessins pour une édition illustrée de *la
Carmagnole* (Paris, Michel, 1848). Rien de curieux
comme ces compositions, où Daubigny joue incon-
sciemment avec le feu. On y voit : 1º une barricade;
2º une de ces agapes où les frères et amis abreuvent,
non pas leurs « sillons », mais leurs gosiers éraillés
par une intempérante émission de « Marseillaises; » et
enfin *la Carmagnole* qui est bien la plus plaisante
des trois. Une vingtaine d'hommes, coiffés de casques
ou de shakos, affublés de sabres ou de gibernes déro-
bés à la troupe, dansent à la ronde d'un air tout à
fait bon enfant. — Ce qui est précisément le côté à
souligner. On dirait moins une carmagnole qu'une
bourrée de villageois un jour de noce; et ils ont l'air
d'ouïr la musique nasillarde du biniou plutôt que « le
son du canon ».

Puis, dans le même ordre de travaux, il fournit
de dessins une Histoire de la révolution de 1848, publiée par Giraldon : On y voit la *Fusillade du boulevard des Capucines*, la *Promenade des cadavres*,
l'*Incendie du pont d'Arcole* (Pierdon sc.), etc. C'est
encore à lui que s'adressera plus tard Perrotin, lorsqu'il
publiera les œuvres posthumes de Béranger, et Daubigny ornera « ma biographie » d'une vue de la maison qu'habitait le chansonnier à Passy, d'une vue de
sa chambre telle qu'elle était au moment de la mort
du poëte (gravée sur acier par Ch. Lalaisse) et du
frontispice devenu populaire : la canne et le chapeau

de Béranger (H. Lavoignat, sc.) Mais c'est surtout dans les livres du tourisme que Daubigny se sent dans son élément naturel; et *l'Été à Bade,* par Eugène Guinot (Ernest Bourdin); *la Normandie,* de Jules Janin (Ernest Bourdin), où l'on trouve des vues aussi exactes que colorées des divers monuments de Rouen, le désignent désormais aux éditeurs des guides de voyage. MM. Bourdin et Hachette lui font faire son tour de France, et il ne s'ouvre pas une section nouvelle de nos voies ferrées sans que son crayon ne nous raconte aussitôt les sites, les monuments, les attraits du voyage.

Au fur et à mesure que Daubigny prenait rang comme peintre, il consacrait moins de son temps aux travaux de la librairie. Par un sentiment de prévoyance très-louable, mais un peu exagéré, il hésitait cependant à renoncer complétement au gagne-pain de sa jeunesse. On rencontre encore de ses bois dans *l'Écho des Feuilletons,* dans les premières années du *Journal pour tous,* des *Romans illustrés;* dans *l'Histoire des Peintres de toutes les écoles* (Renouard); dans *les Jardins* (Mame, Tours); dans *Paris-Guide* (Lacroix et Verbokoeven, Paris, 1867), et surtout dans les périodiques à images : *le Magasin pittoresque, le Tour du Monde, l'Illustration,* où il a donné des vues de stations thermales des Pyrénées, *la Pose du bourdon de Notre-Dame,* et une belle composition, *l'Abreuvoir,* gravée avec talent par

Ad. Lavieille; enfin *le Monde illustré*, où les amateurs trouveront la plupart des « bois » qu'il a dessinés spécialement pour ce journal, d'après ses tableaux d'exposition. Ces derniers dessins ont un double intérêt. C'est Daubigny interprété par lui-même, — et quand ils sont traduits par un graveur fidèle, ils ont quelque chose de l'accent d'une eau-forte. On peut en juger par *l'Écluse d'Optevoz*, d'après le tableau du musée du Luxembourg, si intelligemment gravée par M. Peulot. Tous les bois gravés en fac-simile par ce consciencieux artiste, pour *le Monde illustré*, ne sont pas moins vivants et colorés; et *le Bateau de l'Oise, le Parc à moutons, le Village près Bonnières, le Château de Saint-Cloud*, l'*Effet de lune* du salon de 1865, *le Tonnelier* du Salon de 1872, méritent de prendre place dans les portefeuilles des amateurs, à la suite des eaux-fortes du maître. Daubigny a encore été très-remarquablement interprété par MM. H. Lavoignat, Rouget, J. Quartley, Piaud, Dujardin, Pisan, Adrien Lavieille, Gusman et Boetzel, dont nous devons citer *le Pont-Marie* (Paris-Guide, 1867) et les divers bois de ses intéressants *Albums des salons*.

Vers 1840, l'eau-forte était absolument délaissée. Quelques éditeurs y recouraient comme à un procédé à la fois économique et rapide. Ils méconnaissaient à ce point les ressources et le caractère de ce mode de gravure, qu'ils préféraient l'acier au cuivre comme

donnant des résultats plus voisins de la taille-douce
et permettant, considération décisive, des tirages plus
considérables. Daubigny s'essaya au maniement de la
pointe. Il n'était pas fâché de se mettre en mesure de
satisfaire aux demandes des éditeurs. Il ne tarda pas à
prendre goût à cette besogne, dans laquelle il devait
exceller, et fut de ceux qui contribuèrent le plus à la
renaissance de ce genre de gravure.

L'eau-forte avec son allure vive, libre et sponta-
née, entrait particulièrement dans le tempérament et
les aptitudes de Daubigny; la pointe convenait à
merveille à cette main preste et légère, à cet œil rapide
et sûr; elle fut bientôt comme un instrument docile
au service d'un sentiment supérieur et plaça Daubigny
au rang des peintres-graveurs les plus estimés.

Ses premières eaux-fortes sont curieuses à étudier;
il n'en existe que de rares épreuves, à des états différents. Daubigny, par mesure d'économie, — singu-
lière économie! — faisait planer son cuivre après le
tirage de quelques épreuves, pour éviter l'achat d'une
autre planche. Il recommençait alors un second dessin,
destiné à disparaître à son tour si la planche pouvait
encore supporter la même opération. Ces premiers travaux, pour lesquels il se servait d'aiguilles, — nouvelle économie sans doute! — d'un faire précieux et
surchargé, ne sont pas exécutés avec la simplicité de
moyens que nous admirerons plus tard. Il en était
encore à la phase des tâtonnements avec un procédé

C. DAVBIGNY
LE DEPART DES HIRONDELLES

dont il ne s'était pas complétement rendu maître.
Peut-être subissait-il un peu aussi le goût en faveur et
les exigences des éditeurs; si dans les gravures qu'il
donne au livre *Chants et Chansons populaires de la
France,* il passe des tons à la roulette et fait les ciels
à la mécanique, je ne puis voir là qu'une concession
à l'harmonie générale de la publication. Mais cela ne
retire pas d'ailleurs aux petites scènes champêtres dont
il a égayé ce recueil, le mérite de la composition.
Danses villageoises sous les arbres, moissonneurs qui
s'en reviennent en chantant à la ferme, buveurs sous
les tonnelles, filles et garçons qui s'embrassent sans
malice, le commentaire de la chanson petille comme
elle d'une bonne grosse joie sans façon, jointe à cette
grâce aisée et naturelle dans l'arrangement qui semble
un des dons de cette organisation essentiellement prime-sautière.

Aux salons de 1841 et de 1845, Daubigny expose
un cadre de six eaux-fortes. Déjà se formait pièce à
pièce cette charmante collection, tant appréciée des
amateurs, qui à elle seule assurerait à l'artiste une
réputation durable. La finesse et la légèreté du travail, la fraîcheur et le charme des motifs distinguent
ces vives improvisations où le peintre et le coloriste
se révèlent à chaque trait. Ce sont pour la plupart des
souvenirs du Dauphiné, du Morvan ou des îles Bezons : des eaux paresseuses qui dorment sous les
nénuphars, à l'ombre de leurs rives boisées, des bois

silencieux, des sentiers solitaires où s'égarent les
amoureux, de blondes et tièdes journées d'avril, avec
de joyeux concerts d'oiseaux dans les branches, des
vergers au printemps ; tout cela chatoyant, soyeux,
plein d'air, de brises et de rayons, coloré comme des
peintures, imprévu comme des croquis. Jamais ici
l'outil du graveur ne prend le pas sur le sentiment du
peintre. Daubigny n'a pas ses façons particulières de
rendre les eaux, les arbres, ou les terrains. Il se dé-
termine selon son inspiration du moment. Il évite
ainsi la monotonie dans les travaux et ne se crée point
d'habitudes. Mais bien que tout cela semble fait
comme en se jouant, il est tel pourtant de ces petits
tableaux, comme *le Petit parc à moutons*, par
exemple, qui a dû coûter de longues heures de travail minutieux et obstiné. C'est un de ces tours de
force pour lesquels il faut des yeux de vingt-cinq ans
et cette patience que l'on apporte à ses premiers ouvrages lorsque l'avenir s'ouvre infini devant soi. On ne
connaît plus cette sérénité dans le travail, quand plus
tard on est pris dans l'engrenage inexorable des devoirs et des intérêts. Nous nous acharnons alors à
notre œuvre avec je ne sais quelle hâte fiévreuse.
Nous voudrions avoir fini aussitôt que commencé ; car
nous sentons le temps nous échapper, et l'appréhen-
sion des entraves que dresse devant nous l'imprévu de
chaque jour irrite nos impatiences.

C'est dans cette première série qu'il faut chercher

peut-être les pièces les plus exquises et les plus sa-
voureuses de l'œuvre gravé de Daubigny. Dans les
planches de la seconde série, l'artiste va plus vite au
but; il se contente d'un trait large, ferme, expressif,
et préfère l'accent à la finesse; il a plus de maîtrise,
mais moins de naïveté. Si lâchée que soit cependant
son exécution, la ligne a toujours du caractère; sous
ce travail expéditif, on sent une science réelle vaillam-
ment acquise. Là où un imitateur fourvoyé ferait vide
et creux, Daubigny jette des indications de tableaux
d'une grande tournure, comme *l'Ondée, le Gué, la
Vendange* ou *le grand Parc à moutons.*

La vogue légitime dont jouit le peintre, fait depuis
quelques années tort à l'aqua-fortiste. Il faut du loisir
pour se livrer aux diverses manipulations que néces-
site la bonne exécution d'une eau-forte, et Daubigny
n'a pas trop de tout son temps pour suffire aux pressantes sollicitations des marchands et des amateurs.
Rappelons ici à ces derniers que les premiers tirages
des deux cahiers sortent de chez Beillet, quai de la
Tournelle, dont l'imprimerie était à proximité du
peintre; puis les planches passaient chez Delâtre, qui
substituait son adresse à la première, pour de là revenir encore chez Beillet, qui rétablissait ses nom et
adresse. Entre-temps, il a été tiré des épreuves sans
lettre, sinon avant la lettre, avec traces d'effaçages.
Dans une des nombreuses pérégrinations de ces cuivres,
il en a été habilement tiré par Delâtre quelques

épreuves sur papier japonais dont le ton lumineux
atténue la fatigue de la planche et dissimule la lourdeur des noirs. Les deux premiers cahiers de la première série comprenaient chacun six eaux-fortes, soit :
douze pièces numérotées de un à douze ; la série suivante n'a pas été numérotée. Les premiers tirages des
deux séries ont été faits sur quart de jésus, et les tirages
postérieurs sur quart colombier. Les épreuves d'essai
des premières planches du deuxième cahier ont été
imprimées par Beillet en encre bistrée.

A la suite de l'Exposition de 1853, l'empereur
Napoléon III consacra une somme de 350,000 francs
à faire reproduire un certain nombre d'œuvres capi-
tales de la galerie du Louvre par les plus célèbres de
nos artistes.

Le comte de Nieuwerkerke, directeur général des
Musées, chargea Daubigny de traduire *le Buisson*, de
Ruisdael, qu'aucun graveur n'avait encore abordé.
Daubigny s'est très-honorablement tiré de cette tâche
délicate. Il a rendu le chef-d'œuvre du maître de
Harlem, non point en habile croiseur de tailles, mais
en peintre qui interprète un autre peintre et qui va
droit au sentiment du modèle. Il est arrivé à la puissance d'effet de l'original et il en a exprimé en même
temps l'austère mélancolie. A l'exemple des maîtres
des belles époques de la gravure, Daubigny a exécuté
sa planche avec une grande simplicité de moyens. Il
n'a guère fait usage que de l'eau-forte et de la pointe

sèche. Il s'est peu ou point servi du burin qui jouait
dans les estampes des Vivarès et des Woollett un rôle
important et qu'on ne manie pas d'ailleurs sans un
long apprentissage. Il a rigoureusement proscrit l'emploi des roulettes et autres travaux mécaniques. Il y a
suppléé par des bains énergiques et répétés ; son œuvre
doit à ces hardiesses de morsures, sa franchise et sa
vigueur, mais le dessin s'est jusqu'à un certain point
alourdi et la planche y a perdu un peu de l'esprit et
de la finesse qui distinguent le « premier état » d'eau-
forte pure si recherché des amateurs.

Ce beau travail valut bientôt à l'artiste une commande nouvelle. Il dut s'attaquer au tableau du même
maître connu sous la dénomination du *Coup de
soleil*. La partie était cette fois plus difficile encore
à gagner. Daubigny n'avait plus, comme entrée de
jeu, l'immense popularité du chef-d'œuvre consacré
de Ruisdael ; il ne trouvait plus dans les plans un peu
confus de ce paysage compliqué d'épisodes, le parti
pris simple et franc de Buisson ; et bien qu'il y ait
déployé toutes les ressources de son talent de prati-
cien, cette nouvelle planche séduisit moins tout
d'abord que la précédente. Daubigny a trop sacrifié,
croyons-nous, à la préoccupation d'atteindre à la
vigueur d'un original sur lequel le temps a passé son
noir glacis. Il eût été moins littéralement exact, mais
plus vrai, plus dans l'esprit de son modèle en se
tenant dans une gamme plus blonde et transparente,

fût-elle un peu transposée. Le succès de ces deux intéressantes pages n'a pas tardé toutefois à s'afffirmer. Les
épreuves avant la lettre en sont depuis longtemps épui-
sées, et font prime à la Bourse de la curiosité.

Vers l'année 1857, Daubigny, — nous l'avons dit,
— s'était fait construire un bateau avec lequel il
accomplit de nombreux voyages de circumnavigation
le long des rives de l'Oise et de la Seine, à la décou-
verte de coins mystérieux et d'îles inexplorées. De
retour de ces expéditions, Daubigny, pendant les
longues soirées d'hiver, narrait, le crayon à la main,
les incidents et les souvenirs du voyage. C'est ainsi
qu'est née la plaisante et familière odyssée du « Botin »
que Cadart a publiée sous le titre *Voyage en bateau*.
C'est une série de croquis sans prétention, effleurés
d'une pointe rapide et sommaire, et traités avec la
liberté qui convient à des badinages. Nous y voyons
Daubigny et son fils, tantôt faisant force de rames
pour éviter les vapeurs, ou dévorant à belles dents
sur le pont du bâtiment, pendant qu'auprès d'eux la
bouilloire à café fume et parfume. Puis les voici dor-
mant à fond de cale, ou se guidant la nuit, à la lueur
d'un falot, à la recherche d'un lit plus confortable, ou
bien encore travaillant dans la cabane du Botin, dans
ce bizarre atelier où les toiles et les panneaux se
mêlent aux matelas et aux casseroles !

Toutes les planches du *Voyage en bateau* ont été
mordues du premier coup, et n'ont pas donné lieu à

des « états » différents. Nés sous le manteau de la cheminée, ces innocents caprices se croyaient exclusivement destinés à l'amusement d'un petit cercle d'amis, et l'artiste, — tant il était loin de croire qu'ils méritassent de voir le jour, — avait gravé à la pointe, dans la marge inférieure du cuivre, des légendes un peu bien familières, que les éditeurs ont effacées avant la publication, et dont certaines planches portent encore plus ou moins de traces. C'est là, à peu près, le seul signe d'antériorité qui peut aider à classer les épreuves de cette suite. Autre observation : les premiers cahiers tirés ont le format quart de jésus, et les albums mis dans le commerce sont sur quart colombier. Il a été tiré aussi, — friandise d'imprimeur, sans doute, — de rares épreuves sur papier japonais. M. Giacomelli possède la série complète des seize planches dans cette condition exceptionnelle.

Il est une autre suite, moins connue que *le Voyage en bateau*, mais d'une plus haute portée artistique ; nous voulons parler des glaces gravées d'après le procédé de M. Cuvelier père (d'Arras), et dont, à l'exemple de Corot, Th. Rousseau, Ch. Jacque et Millet, Daubigny a donné de très-intéressants spécimens. Voici en quoi consiste ce procédé. On étend sur une feuille de verre, ou mieux sur une glace, au moyen d'un tampon, une couche uniforme de noir d'imprimerie. Sur cette première couche, on tamise du blanc de céruse en poudre impalpable. La glace ainsi préparée, on la pose sur un morceau de drap noir, et avec une pointe plus ou moins fine, l'artiste trace son dessin, comme fait l'aqua-fortiste sur son cuivre enfumé.

Grâce à la couche de blanc de céruse et au drap noir placé au-dessous du verre, chaque trait de la pointe apparaît en noir et permet à l'artiste de se rendre facilement compte de son travail. Ce travail terminé, on présente devant le verre un papier sensibilisé par les procédés photographiques, et la lumière passant à travers la glace, partout où la pointe l'a mise à découvert, vient influencer le papier et y fixer le dessin. Ce ne sont donc là, à proprement parler, que des photographies plus ou moins inaltérables, selon qu'elles sont ou non préparées au carbone. Mais ce sont autant de précieux autographes, expressions chaleureuses de la pensée du peintre, premiers jets de son inspiration, intentions de tableaux largement indiquées, audaces d'effets que se permet la libre improvisation, et devant lesquelles recule souvent l'artiste au moment de réaliser ces hardiesses. Vaches et bœufs qui descendent pesamment à l'abreuvoir, ânes au pré, troupeaux qui reviennent des champs à travers la futaie dépouillée, masses d'arbres à la ligne ample et souple, jeux osés de la lumière, soleils levants irradiant les marais vaporeux ou criblant la feuillée de leurs paillettes étincelantes, soirs aux harmonies puissantes; il semble que le souffle de Claude

Lorrain anime tout cela, et l'on s'étonne de tant de
séve et d'abondance. Certes, on pourrait en dire autant
des nombreux dessins de Daubigny au crayon Conté,
à la sanguine, à la mine de plomb, traités avec l'autorité d'un maître, trésors encore ignorés de ses portefeuilles ; mais nous n'avons pas le loisir d'inventorier
toutes ces richesses, et si nous nous bornons à classer
les clichés-glace au catalogue, à la suite des eaux-
fortes, c'est que l'heureux possesseur de ces clichés,
M. Cuvelier fils, peut, un jour ou l'autre, — et nous
ne saurions trop l'y engager, — en mettre des épreuves
en circulation, et qu'ils rentrent, par ce côté, dans la
catégorie qui fait l'objet de notre travail.

Nous devons signaler aussi aux collectionneurs de
l'œuvre de Daubigny, d'intéressantes compositions qui
ne peuvent trouver place dans notre catalogue, par la
raison qu'il ne les a pas gravées lui-même. Ce sont
les Vendanges, gravées par Wilmann, pour *les
Chansons de Béranger*, édition Perrotin ; *le Point
du jour* et *la Fin du jour*, quatre sujets dont deux
gravés par Mercier, et deux par Ransonnette, pour
les Chants et Chansons populaires de la France.
L'île d'Asnières, gravée par Lallemand, troisième
volume de l'édition illustrée des *Mystères de Paris.* »
Le Chêne et le Roseau, héliogravure par le procédé
Goupil, pour l'édition des *Fables* de La Fontaine de
D. Jouaust (1873). Un encadrement, dessiné par Daubigny et gravé par Mercier autour d'un portrait de

Barbès. Daubigny a exhumé, pour la circonstance, toute la vieille symbolique révolutionnaire, ronces et branches de chêne, et le triangle auréolé, et les fers brisés, et la faux qui doit trancher les abus… Au milieu de ces banalités, parfaitement agencées d'ailleurs, deux charmants petits médaillons représentent le mont Saint-Michel et le donjon de Vincennes. Cette pièce, — on l'a deviné de reste, — est de 1848. Nous citerons encore, pour mémoire, un sujet de la vie du bienheureux Robert d'Arbrissel, gravée sur acier par Nargeot pour *la Vie des saints*, publiée par Delloye; plusieurs sujets de paysages exotiques gravés par Outhwaite pour Mame (de Tours), et diverses planches pour *Notre-Dame de Paris*, gravées par MM. Outhwaite, Thomas, Brugniot, Bernard, etc.

Les tableaux de Daubigny tentèrent quelquefois la pointe ou le crayon d'habiles traducteurs. N'eussent-elles d'autre mérite que de reproduire des toiles consacrées par le succès, ces interprétations auraient déjà un incontestable intérêt; quand le talent du traducteur les recommande, elles ont un double titre à notre attention. Telle est la suite de lithographies exécutées par M. Émile Vernier, avec le sentiment d'un paysagiste et l'art consommé d'un lithographe formé à l'excellente école de M. J.-J. Laurens[1]. Déjà M. Émile

1. *Paysages de Ch. François Daubigny*, lithographiés par Émile Vernier, douze planches imprimées par Lemercier. Goupil et Cie éditeurs. Paris, 9, rue Chaptal. 1871.

Vernier s'était montré, dans une publication précédente[1], l'interprète intelligent, fidèle et pénétré de Corot. Mais si le *flou* du crayon lithographique se prête merveilleusement à rendre les harmonies douces, les valeurs simples, les horizons noyés de ce maître charmant, on ne saurait nier que l'eau-forte ne soit le moyen d'expression le mieux approprié au talent nerveux et ferme de Daubigny. Il y a, dans les œuvres de celui-ci, des aprêtés, un mordant, des soudainetés de pinceau tout à fait intraduisibles. Dans son nouveau travail, M. Émile Vernier, — ce qui est toujours un désavantage, — entrait donc en plein dans « la difficulté ». Il s'est efforcé d'être à la fois transparent et vigoureux, lumineux et coloré, et il y a réussi dans la mesure que comporte le mode d'interprétation qu'il avait à sa disposition. Nous n'avons à citer, en ce moment, que deux planches, les dix autres figurant plus loin en temps et lieu. Ce sont *Herblay*, d'après un tableau appartenant à M. Thedesco, et *le Pont-Marie*, une des pages les plus heureuses de la livraison. Signalons aussi une charmante lithographie de M. J.-J. Laurens, d'après un tableau de Daubigny de sa manière argentine, *l'Étang*. (Paris, Peyrol, éditeur, 1858.)

Nous aurons souvent occasion, dans le catalogue

1. Douze planches d'après Corot, lithographiées par Émile Vernier, avec notice par Ph. Burty. (Marion, éditeur, à la librairie artistique, 18, rue Bonaparte. 1870.)

qui va suivre, de noter certaines eaux-fortes dites : « à
la Cravate. » C'est un procédé que Daubigny a imaginé pour remplacer l'aquatinte dont l'effet lui semblait lourd et désagréable. C'est à l'occasion des *fac-
simile* qu'il exécuta vers 1848 pour la chalcographie
du Louvre, d'après Pinas et Claude Lorrain, qu'il en
fit l'essai. Il employa ce moyen dans cinq ou six eaux-
fortes qui datent de cette époque. Cela consistait à
imprimer au brunissoir une étoffe de soie sur un vernis un peu mou. Le plus ou moins de vigueur avec
laquelle on passait le brunissoir, combinée avec la
façon dont on usait de l'acide, donnait les diverses
valeurs de ton désirées.

Il y a peu d'états différents à indiquer dans les
planches qui composent l'œuvre gravé de Daubigny.
Il n'a jamais eu cette coquetterie, ou ce calcul, que
certains graveurs, aujourd'hui, poussent à l'excès, de
multiplier les remarques, et de se faire tirer des
épreuves particulières sur de vieux papiers rares et
choisis. Il a toujours été de la plus regrettable indiffé-
rence à cet endroit. Il joignait d'ailleurs à une grande
insouciance naturelle un sentiment de modestie qui
l'empêchait de prévoir la valeur ou l'intérêt que pren-
draient un jour les moindres productions de sa pointe
ou de son crayon. Il allumait volontiers le poêle de
son atelier avec ses épreuves d'essai. Plus d'une fois
son ami, le statuaire Geoffroy-Dechaume, sauva des
documents précieux, et il est état ou telle épreuve

unique dont on lui doit la conservation. Daubigny
montrait la même incurie à l'endroit des beaux livres
auxquels il collaborait, et que les éditeurs lui adres-
saient, par livraisons, aussitôt dépareillées... Mais
soyons indulgent; il reconnaît ses torts; il entreprend
aujourd'hui de se former une bibliothèque, lui qui
pourrait en avoir une si riche et si curieuse ! Ce
volume des *Chants et Chansons populaires de la
France,* qu'il a illustré en compagnie de ses amis
Steinheil, Meissonier, Trimolet; qu'il a autrefois dé-
chiré page à page; ce beau livre de sa jeunesse, qui
est pour lui tout un bouquet de souvenirs ; il l'a
racheté récemment, il sait à quel prix ! C'est là un
détail un peu intime peut-être, mais à la fois comique
et touchant. Ce trait peint tout l'homme, aussi ne
peut-on lui garder rancune de ces... singularités,
parce qu'il n'y apporte ni préméditation, ni « pose »,
et qu'il essaye de racheter aujourd'hui ses erreurs
avec une bonhomie qui désarme la sévérité. Le croi-
ra-t-on ? Il commence même à avoir de l'ordre ; et,
par parenthèse, rien de plus original que sa comptabi-
lité. Son « grand livre » est encore un album, car il a
plus vite fait de dessiner une réduction de ses tableaux
que d'en établir un signalement caractéristique; de
sorte qu'en regard de la colonne des chiffres et des
noms des acquéreurs s'épanouit une colonne de croquis à la plume qui produit un effet des plus réjouis-
sants au milieu des additions et des reports. C'est là

un nouveau *Liber veritatis* d'un intérêt piquant. Que ne s'en est-il avisé plus tôt !

Nous avons utilement consulté, pour l'essai de catalogue qu'on va lire, les intéressantes collections et les souvenirs personnels de MM. Ph. Burty et Geoffroy-Dechaume, Steinheil ; de M. Giacomelli, dont les belles épreuves d'artiste proviennent, en partie, de la vente après décès de l'oncle Pierre Daubigny. Ces Messieurs nous ont ouvert leurs cartons avec une bonne grâce dont nous voulons les remercier ici. Un dernier mot. Nous classons autant que possible, par ordre chronologique, les pièces qui figurent à notre catalogue, en ne tenant compte que de la date de l'exécution de chacune d'elles, sans avoir égard à la date de la publication, souvent postérieure à la première d'une ou plusieurs années. La plupart des pièces étant inscrites dans un trait carré, nous signalons seulement celles qui s'écartent de cette condition générale par la mention : « en vignette. » Nous employons les mots « signé, signature » chaque fois que le nom est gravé à la pointe par l'artiste lui-même, et nous évitons ces expressions comme impropres quand le nom a été buriné par le graveur de lettres. Lorsque nous mesurons les dimensions, nous constatons de suite le sens de la pièce en indiquant d'abord la hauteur, si la pièce est en hauteur ; la longueur, si la pièce est en longueur. Nous ne nous dissimulons pas combien nous laissons encore, dans ces pages, de points d'interrogation. Nous continuerons de chercher la réponse à ces questions ; nous tiendrons au courant le dossier du maître auquel tant de sympathies nous attachent, de façon à pouvoir un jour, — sous les réserves que notre fragilité commande toujours en pareil cas, — parfaire notre travail, le rectifier, le compléter... Car nous espérons bien que la pointe enchantée du maître ne s'arrêtera pas où s'arrête notre livre, et qu'elle nous charmera souvent encore de ses éloquentes improvisations.

CATALOGUE

DES

PIÈCES GRAVÉES A L'EAU-FORTE

PAR

C. DAUBIGNY

CATALOGUE

— 1 —

Le Moine.

L. 0^m,130. H. 0^m,100.

Sans signature.

A gauche, de grands arbres dont le pied baigne dans un étang; près d'un tronc d'arbre, à droite, un moine debout, lisant, dessiné par Meissonier. 1838.

La planche a été planée après le tirage de quelques épreuves d'essai.

Il existe un cliché de cette pièce très-rare, plus grand que l'épreuve originale, par le procédé d'héliogravure Durand. Ce nouveau cuivre mesure 195 millimètres sur 140.

— 2 —

La Tonnelle.

L. 0^m,146. H. 0^m,097.

Pièce non signée.

Sur un monticule, à gauche, une chaumière près de laquelle se trouve une tonnelle où des gens boivent attablés. Un groupe d'arbres aux troncs noueux séparent ce côté du paysage d'une rivière qui coule en contre-bas à

droite, et vient baigner le premier plan, orné de roseaux
et de plantes aquatiques; un tronc d'arbre renversé sert
de pont et relie la composition.

Les figures ont été dessinées par Meissonier.

Cette piéce a dû être exécutée en 1838.

1ʳʳ *état*. Très-rares épreuves d'un travail très-fin et très-
spirituel avant le ton d'aquatinte dont l'artiste a eu la malen-
contreuse idée de couvrir par endroits sa planche. (Une
très-belle épreuve de cet état avec traits de roulette dans la
marge appartient à M. Coffetier).

2ᵉ *état*. Planche alourdie par l'aquatinte; mécontent des
résultats de son essai, Daubigny a fait planer son cuivre.

Il existe un nouveau cuivre de cette piéce, obtenu par le
procédé A. Durand; il est plus grand que l'original, et mesure 195 millimètres sur 140.

— 3 —

Vue de la ville de Subiaco.

L. 0ᵐ,150. H. 0ᵐ,095.

Une route serpente dans la campagne et conduit à
Subiaco, qui s'élève en amphithéâtre sur un monticule à
droite. A gauche, groupe d'arbres au pied desquels murmure un ruisseau. Sur le premier plan, à droite, un
pauvre assis au bord du chemin.

Signée à la pointe, en bas à gauche : *Daubigny*.

1ʳʳ *état*. Traits de pointe sèche dans les marges.

Nous donnons dans ce volume une reproduction de cette
piéce très-rare, grandeur de l'original, par le procédé A. Durand. Cette reproduction porte écrits à la pointe, au bas à
gauche, ces mots : 3ᵉ *eau-forte de Daubigny*.

LE VILLAGE PRÈS BONNIÈRES

Daubigny pinx.

droite, et vient baigner le premier plan, orné de roseaux
et de plantes aquatiques; un tronc d'arbre renversé sert
de pont et relie la composition.

Les figures ont été dessinées par Meissonier.
Cette pièce a dû être exécutée en 1838.

1er état. Très-rares épreuves d'un travail très-fin et très-
spirituel avant le vue d'aquatinte dont l'artiste a eu la malen-
contreuse idée de couvrir par endroits sa planche. Une
remarquable épreuve de cet état, avec traits et ... dans la
marge appartient à M. Calando.

2e état. Planche couverte par l'aquatinte; mécontent des
résultats de son essai, Daubigny a fait plaquer son cuivre.

Il existe un nouveau cuivre de cette pièce, obtenu par le
procédé A. Durand; il est plus grand que l'original, et mesure 191 millimètres sur 250.

— 5 —

Vue de la ville de Subiaco.

I. Première Estampe

Une route serpente dans la campagne et conduit à
Subiaco, qui s'élève en amphithéâtre sur un monticule à
gauche. A gauche, groupe d'arbres au pied desquels murmure un ruisseau. Sur le premier plan, à droite, un
pauvre assis au bord du chemin.

Signée à la pointe, en bas à gauche : Daubigny.

1er état. Traits de pointe sèche dans les marges.

Nous donnons dans ce volume une reproduction de cette
pièce célèbre, grandeur de l'original, par le procédé A. Durand. Cette reproduction porte écrits à la pointe, en bas à
gauche, ces mots : gravure de Daubigny.

LE VILLAGE PRÈS BONNIÈRES

— 4 —

*Vue du Chevet de la Cathédrale de Paris et de la
Cité, prise de la pointe de l'île Louviers.*

L. o^m,165. H. o^m,095.

Non signée.

En amont du pont de la Tournelle, que domine l'importante masse de Notre-Dame, sur le port Saint-Ber-
nard s'élève une construction. C'est la pile de la passe-
relle de Constantine qui fut livrée à la circulation en
janvier 1838 et que remplacera bientôt le nouveau pont
Saint-Germain. A l'époque où nous reporte cette eau-forte
les quais n'étaient pas encore construits et la berge de
l'île Louviers était plantée de peupliers.

Cette eau-forte a été exécutée par Daubigny d'après
le tableau qu'il exposa pour ses débuts au Salon de 1838,
et qui dut être peint en 1837.

Pièce très-rare, remaruuable comme justesse d'effet e
finesse d'exécution.

Collection de M. Geoffroy-Dechaume.

— 5 —

Vue prise aux environs de Subiaco.

L. o^m,190 c. H. 0,^m120 c.

Publié dans le journal *l'Artiste,* 2e série, t. VI, 1840.

A gauche, une route bordée de grands arbres, sur
laquelle chemine un voyageur ; à droite, marais, au milieu

duquel on distingue des buffles. Des montagnes ferment l'horizon.

1ʳʳ *état*. Épreuve de la collection de M. Ph. Burty, avant la signature à la pointe et avec des travaux dans le ciel qui ont disparu en partie dans l'état suivant.

2ᵉ *état*. Signée en bas, au milieu, *C. Daubigny*. Ciel légèrement effacé au brunissoir.

3ᵉ *état*. Tirage du journal *l'Artiste*, avec le nom gravé à droite : *Daubigny sculp.*, et le titre imprimé à l'aide d'un second cuivre.

Il existe quelques épreuves très-brillantes des deux premiers états, mais les épreuves du tirage de *l'Artiste* sont généralement grises et dépouillées.

— 6 —

Les bords du Furon, près de Sassenage (Isère).

L. 0ᵐ,155. H. 0ᵐ,90.

Signée à la pointe, à gauche : *Daubigny, inv. sculp.*

Le Furon débouche en cascades au-delà d'un massif d'arbres qui occupe le premier plan de droite ; la petite rivière s'étend en nappes cristallines dans une vallée rocheuse fermée à l'horizon par de hautes collines ; à gauche, quelques moutons et un berger qui, les jambes dans l'eau, vient de laver une brebis.

Essai d'aquatinte de Daubigny ; très-rare.

— 7 —

Cérémonie de l'inauguration de la colonne de Juillet et de la translation des restes des victimes des journées de juillet 1830, sur la place de la Bastille. En collaboration avec Trimolet, qui a exécuté les figures.

L. 0^m,295. H. 0^m,160.

Cette pièce historique donne la vue exacte de la place de la Bastille avec les chantiers de bois qui occupaient encore, à cette époque, l'extrémité de la rue Saint-Antoine. Elle rappelle les estrades et décorations élevées pour la circonstance. Les gardes nationales font la haie sur le passage du cortége et des groupes de curieux se pressent pour mieux voir.

La pièce est dédiée à la garde nationale, et, en marge, deux quatrains de Béranger accompagnent la dédicace et la date : 28 juillet 1840.

Au bas, à droite, en lettres gravées : *Trimolet et Doubigny* (sic), *del et sc.*

Il y a eu des épreuves tirées avant la date et la dédicace, et d'autres avec la date et la dédicace sans les couplets.

Trimolet et Daubigny avaient chargé les tambours de la garde nationale de la vente de cette estampe. La spéculation ne fut pas lucrative, car les *placiers* buvaient régulièrement, chaque soir, le montant de la recette de la journée.

Les deux jeunes collaborateurs n'avaient pas eu d'ailleurs l'avantage d'arriver « premiers ». Pendant qu'ils travaillaient avec un soin et une conscience dignes d'un meilleur sort à cette planche où figuraient des centaines de personnages, une lithographie crayonnée à la hâte les avait devancés et s'était enlevée à des milliers d'exemplaires. Aujourd'hui, ces sortes « d'actualités » se font d'avance. C'est le seul moyen, paraît-il, de n'être pas en retard.

1ᵉʳ *état*. Épreuves avant toutes lettres avec quelques travaux dans le ciel.

2ᵉ *état*. Travaux de mécanique dans le ciel.

— 8 —

La Carte de Malzieux.

L. 0ᵐ,095. H. 0ᵐ,070.

Signée dans un petit médaillon : *Daubigny*.

Encadrement formé de statuettes, chapiteaux, têtes de mort, vases, reptiles, oiseaux, insectes, feuillages, outils de modeleur ; en haut, les médaillons de Daubigny et de Malzieux (Aceray-Auguste) mêlés à ce fouillis bizarre. Au milieu de la carte, on lit :

MALZIEUX, mouleur,

31, quai de la Tournelle, 31. 1840.

Il existe quelques épreuves d'artiste avec l'adresse sans la date.

Dans un second état, l'ancienne adresse a été effacée et

la nouvelle adresse gravée dans la marge inférieure : *Rue
d'Anjou, 17, rue Poulletier, 12.*

— 9 —

Le Chasseur de chamois dans les montagnes du bourg d'Oisans (Isère).

L. 0^m,285. L. 0^m,195

Signée à la pointe à gauche : *Daubigny, del. et sculp.*

Un chasseur surpris par un orage revient précipitamment, suivi de son chien. Un chamois est accroché à son
fusil posé sur son épaule. Une bourrasque furieuse tord
les arbres et agite une rivière au delà de laquelle s'élèvent
de hautes montagnes.

Pièce très-rare, mais médiocre.

— 10 —

Saint Jérôme.

L. 0^m,165. H. 0^m,130.

Le saint est agenouillé sur une natte devant une croix
de roseau, au milieu des gorges d'un paysage sauvage.

Publié dans *l'Artiste* (2e série, t. V) avec le titre du
journal en haut de la planche, et dans la marge du bas :
Paysage; saint Jérôme. Salon de 1840; et, à gauche :
Peint et gravé par Daubigny.

Nous avons lu, écrit de la main de Daubigny sur une
épreuve que celui-ci envoyait à M. Héricart de Thury :

*Vue prise de la rampe des Commènes au bourg d'Oisans,
département de l'Isère.*

Sur cette même épreuve d'essai qui fait partie de la
collection de M. Giacomelli, et provient de M. Pierre
Daubigny, nous relevons cette note, écrite au crayon par
M. Héricart de Thury :

« Très-bien ! très-bien ! j'ai parfaitement reconnu les
montagnes de l'Oisans. Mais, dans l'intérêt de M. Daubigny, je lui conseille d'effacer : 1º son saint Jérôme à la
croix; et 2º les petits arbres de la montagne, qui sont des
arbres des collines des environs de Paris et non des arbres
des Alpes.

» Mais, je le répète, c'est bien et très-bien ; et j'en fais
mon sincère compliment à M. Daubigny. »

Les épreuves avant le tirage de *l'Artiste* sont signées
à la pointe, en bas, au milieu : Daubigny P. et D.

1ᵉʳ *état*. Épreuves avant toutes lettres et avec des essais
de pointe dans la marge inférieure.

— I I —

Le Verger de Valmondois.

L. 0,ᵐ150. H. 0ᵐ,090.

Signée à la pointe, à gauche : *C. Daubigny, inv.*

Un ruisseau coule dans un verger planté d'arbres frui-
tiers auxquels s'accrochent des vignes aux sarments capri-
cieux. Des poules picorent dans l'herbe; au fond, à demi
perdues dans la verdure, une chaumière et une clôture à

claire-voie. Un soleil printanier égaye ce petit coin ver-
doyant de ses clairs rayons.

1er *état*. Travail transparent : deux petites filles jouent
sur l'herbe.

2e *état*. Les deux petites filles ont fait place à des poules ;
quelques travaux de pointe ajoutés.

3e *état*. La planche a été teintée à la cravate dans l'intention d'accentuer l'effet. Elle n'est qu'alourdie.

— 12 —

La Noce de village.

Très-rare.

L. 0^m,145. H. 0^m,075.

Signée à droite : *C. Daubigny*, 1840.
L'Artiste, 3e série, t. Ier, année 1842.

Les mariés, suivis d'une longue file de paysans et de
paysannes endimanchés et précédés d'un violon criard,
s'avancent bruyamment sur la route. Dans les champs, un
laboureur pousse sa charrue, et une femme penchée sur
un champ de blé fait tomber les épis sous les coups
pressés de sa faucille. Une autre s'est interrompue et
regarde. Le contraste de l'activité des travailleurs qui con-
naissent le prix du temps et des gais compagnons qui oublient le lendemain constitue un tableau plein de grâce,
de naïveté et d'humour ; tout chante, tout vit, tout brille :
le ciel, les champs, les gens.

Ce charmant petit paysage représente le hameau de

Valmondois et la maison de la nourrice de Daubigny, dans les pommiers à droite.

En haut, le titre du journal; dans le milieu de la marge, en bas, un petit ménétrier dansant gravé à la pointe par Daubigny, et cette légende : *Comment naissent les villes.*

1ᵉʳ *état.* Avant les contretailles sur tous les premiers plans, et avec le cheval de charrue blanc. Très-rare.

2ᵉ *état.* Avec les travaux ajoutés sur les terrains et le cheval de charrue s'enlevant en vigueur.

3ᵉ *état.* Tirage de *l'Artiste* avec le titre du journal et la légende. Daubigny a dessiné sur bois cette esquisse petite scène pour *les Français peints par eux-mêmes* (*Province, le Picard.*) Curmer l'a utilisée de nouveau, mais avec le violoneux effacé, dans les *Beaux-Arts,* 1843, t. Iᵉʳ, p. 238, où elle a servi de frontispice à une nouvelle de M. E. de Sizerac : *le Champ de Bluets.*

Il existe une reproduction de cette pièce par le procédé d'héliogravure Durand; elle est plus grande que l'original et mesure :

L. 0ᵐ,195. H. 0ᵐ,105

— 13 —

Chaumières au bord de l'eau.

L. 0ᵐ,212. H 0,052.

Signée à gauche : *Daubigny.*
En vignette.

Une rivière coule dans des terrains marécageux; à gauche, en premier plan, une chaumière basse dispa-

raît à demi dans les herbes et les pommiers. De l'autre
côté de la rivière, petite chaumière avec bouquet d'arbres,
devant laquelle sont deux barques amarrées à des pieux;
à droite, terrains où s'élève un poteau indicateur.

Ce petit paysage normand a été gravé au vernis mou
par Daubigny au bas d'une planche de croquis de Trimolet publiée dans l'*Album Blaisot; imp. Lesauvage*.

— 14 —

La Rivière dans le parc. Eau-forte faite en collaboration avec Trimolet.

H. 0^m,123. L. 0^m,092.

Sans signature ni titre.
En vignette.
Pour une édition du roman de Th. Gautier : *Fortunio.*

Une barque, conduite par des rameurs vêtus à l'orien-
tale et surmontée à l'avant d'un tendelet, sous lequel sont
assis un jeune homme et une jeune femme, glisse sur une
rivière ombragée de beaux arbres. Au milieu de ces élé-
gants massifs, s'élève une fontaine composée d'enfants
montés sur des dauphins et décorée d'une statue de la
Vénus dite de Médicis.

On pourrait noter souvent dans les vignettes de Trimolet
des fonds de paysage exécutés par Daubigny, mais l'œuvre
de celui-ci est assez riche pour que nous n'ayons pas besoin
de porter à son actif ces menus services d'ami et de collabo-

rateur. Si nous avons fait exception pour la pièce que nous venons de décrire, c'est que le paysage, si délicatement traité, en constitue la partie la plus remarquable.

— 15 —

La Côte des deux amants ; environs de Rouen.

H. 0^m,125. L. 0^m,095.

Sans signature.

En vignette.

La Pléiade, recueil de ballades, fabliaux, nouvelles et légendes. Curmer, 1842.

De gracieux enchevêtrements de ronces et de lierres enroulent le charmant petit paysage qui occupe la tête de la page et encadrent le titre gravé, en lettres pittoresques, dans la partie inférieure : *Marie de France, le Lai des deux amants*.

Cette petite pièce, non signée, est très-fine et d'un travail extrêmement précieux.

Il existe quelques rares épreuves avant le titre.

— 16 —

Le Cèdre du Liban : pour le Jardin des Plantes. Paris, Curmer, 1842.

H. 0^m,180. L. 0^m,115.

Signée à droite dans l'estampe : *Daubigny*.

Pour le *Jardin des Plantes*. Paris, Curmer, 1842.

Le cèdre projette ses puissantes ramures au-dessus

des méandres du labyrinthe où se promène une jeune dame tenant sa petite fille par la main et suivie d'une bonne portant un enfant.

Quelques épreuves d'artiste, avant toute lettre, portent dans la marge inférieure du cuivre, à droite, un petit sujet représentant deux chats qui se battent dans un grenier en présence d'un rat.

Puis le cuivre a été coupé pour pouvoir entrer dans la publication in-8° de Curmer, et le nom de l'artiste a été gravé en dehors du trait carré, ainsi que le titre.

— 17 —

L'Amphithéâtre du Jardin des Plantes.

H. 0ᵐ,175. L. 0ᵐ,110.

Signée à gauche dans l'estampe : *Daubigny*.
Publiée dans le *Jardin des Plantes*. Paris, Curmer, 1842.

Des promeneurs circulent dans l'allée ombragée qui mène au pavillon de l'amphithéâtre.

1ᵉʳ *état*. Avant la signature de l'artiste et les travaux définitifs.

2ᵉ *état*. Tirage de Curmer avec le nom de l'artiste gravé au milieu de la marge : *Daubigny, del et sculp*.

— 18 —

Intérieur de la grande serre.

H. 0,175. L. 0^m^,110.

Signée à gauche sur une planchette dans les plantes de la plate-
bande.

Pour le *Jardin des Plantes*. Paris, Curmer, 1842.

Au milieu de plantes exotiques, une statue tenant un
vase renversé alimente une fontaine que regardent deux
promeneurs.

1er *état*. Première eau-forte avant les reprises à la pointe
et avant le vitrage de l'armature en fer de la serre.

2e *état*. Planche terminée; Épreuves sur Chine avant le
cuivre coupé, mais avec le titre gravé.

3e *état*. Tirage pour la publication de Curmer.

— 19 —

La Volière du Jardin des Plantes.

H. 0^m^,170. L. 0^m^,130.

En vignette.

Signée en bas au milieu des branchages : *Daubigny.*

Le *Jardin des Plantes* (partie supplémentaire). Paris, Curmer, 1843.

La volière est gracieusement encadrée dans des entrelacs de branchages, lierres et liserons. Des oiseaux de

toute espèce se désaltèrent sur le bord d'un bassin qu'alimente un jet d'eau, ou sautillent dans les branches de quelques arbustes dépouillés de leurs feuilles.

— 20 —

La Pie.

H. 0^m,170. L. 0^m,120.

En vignette.

Planche non signée.

Publiée dans le *Jardin des Plantes* (partie supplémentaire); Curmer, 1843.

La pie est posée sur le bord d'un ruisseau qui se perd sous des roseaux. Derrière elle, buissons de chêne et fond de paysage avec chaumières. Le paysage seul est de Daubigny; la pie a été exécutée par un graveur au burin.

Epreuve avant toute lettre et avant le cuivre coupé.

Collection de M. Geoffroy-Dechaume.

— 21 —

Le Palmier.

H. 0^m,150. L. 0^m,100.

Il s'élève au milieu d'arbustes et de plantes exotiques. Planche destinée à un ouvrage de botanique de M. Decaisne.

— 22 —

Environs de Choisy-le-Roi.

L. 0^m,245. H. 0^m,165.

Les Beaux-Arts : Curmer, 1843.

Une rivière coule au milieu de rives plantureuses où poussent les oseilles et les bardanes ; un berger, assis sur l'herbe, joue de la cornemuse, pendant que les moutons paissent sous la saulée. Sur les eaux lumineuses et scintillantes flottent les roseaux et les nénuphars.

D'après un tableau de Daubigny du Salon de 1843.

1er *état*. Eau-forte transparente ; épreuves d'artiste signées à la pointe, à gauche : *Daubigny C. p. del.*, 1843.

2e *état*. Deuxième morsure et reprise de travaux ; la signature a été modifiée anisi : *C. Daubigny, pinx. et del.*

3e *état*. Tirage Curmer ; nom à la pointe effacé et remplacé par les lettres gravées en haut de la planche : *Ch. Daubigny*; et en dessous le titre déjà cité. Les bonnes épreuves de ce tirage portent le timbre sec de Curmer.

Il existe une reproduction de cette pièce par le procédé Durand ; grandeur de l'original.

— 22 —

Environs de Bourg-la-Reine.

L. argent, H. 0m 06c.

Les Meuniers : Cadart, 1862.

Une étude émue au milieu de rives plantureuses où poussent les oseilles et les bardanes ; un berger, assis sur l'herbe, joue de la cornemuse, pendant que les moutons paissent sous la saulée. Sur les eaux lumineuses et scintillantes flottent les roseaux et les nénuphars.

D'après un tableau de Daubigny du Salon de 1853.

Tirage d'amateur, transparente ; épreuves d'artiste signées à la pointe, à droite : Daubigny fec. p. 56., 1862.

Secondes épreuves : le cuivre, en vieillissant, a repassé à une nouvelle teinte ... la planche fut re-fait.

Tirage ordinaire : mots à la pointe effacé et remplacés par des mots gravés en haut de la planche : Ch. Daubigny et au-dessous le titre déjà cité. Les bonnes épreuves de ce tirage portent le timbre sec de Cadart.

J'essaie une reproduction de cette pièce par le procédé Dujardin, grandeur de l'original.

— 23 —

L'Orage.

H. 0^m,180. L. 0^m,125.

Signée sous un petit pont à gauche de la vignette supérieure :
C. Daubigny.

Chants et Chansons populaires de la France, t. Ier, Paris.
Delloye, éditeur, 1843.

Un paysage forme tête de page; il paraphrase gracieusement la chanson de Fabre d'Églantine :

> Il pleut, il pleut, bergère,
> Presse tes blancs moutons,
> Allons sous ma chaumière, etc.

Des deux extrémités de cette composition descendent
des arbustes déracinés, chênes et rosiers où nichent des
oiseaux et que relient en bas de la page des sarments de
vigne.

Nous publions dans ce volume une reproduction de la
vignette supérieure obtenue par le procédé d'héliogravure
Durand.

Plusieurs planches de cette série ont été gravées deux
à deux sur le même cuivre; nous en avons rencontré quelques épreuves à double sujet avant le cuivre coupé. Il
existe des épreuves d'artiste sur Chine collé sans les couplets gravés et d'autres avec les couplets.

— 24 —

Le Rosier; paroles de De Leyre, musique de J.-J. Rousseau.

H. 0^m,180. L. 0^m,125.

Signée en bas à droite dans l'herbe : *C. Daubigny.*
Chants et Chansons populaires de la France, t. 1er.

Je l'ai planté
Je l'ai vu naître
Ce beau rosier où les oiseaux
Viennent chanter sous ma fenêtre
Perchés sur ses jeunes rameaux.

Une jeune femme en costume Pompadour, accoudée à une lucarne tapissée de liserons et de chèvrefeuilles, songe à son isolement en regardant les oiseaux s'ébattre joyeusement dans un rosier.

Ce rosier se marie à des ronces et à des fleurs des champs pour encadrer les couplets. Les massifs de verdure d'un parc et le panache irisé d'un jet d'eau remplissent le vide de gauche.

— 25 —

Le Rosier (2e *planche*).

H. 0^m,190. L. 0^m,135.

Signée au-dessous du sujet principal : *C. Daubigny.*

Une femme debout sur un rocher au bord de la mer contemple le vaisseau qui emmène son amant. Près d'elle, sous des arbres d'un jet élégant, un berger fait paître une chèvre et des moutons. Au-dessous de la vignette, arbustes, plantes et lianes qui s'entremêlent.

— 26 —

O ma tendre musette ; paroles de Laharpe, musique de Monsigny.

H. 0^m,190. L. 0^m,125.

Signée à droite : *C. Daubigny.*

Chants et Chansons populaires de la France, t. 1er, Paris, Delloye, 1843.

Un jeune berger joue de la musette, assis, au milieu de son troupeau de chèvres et de brebis, sur la pente d'un coteau qui descend jusqu'à une petite rivière.

Ce sujet a été gravé sur le même cuivre que *les Hirondelles.*

Il existe quelques belles épreuves avant les couplets, où ces deux compositions sont juxtaposées.

— 27 —

O ma tendre musette (2e *planche*).

H. 0^m,180. L. 0^m,120.

Signée au-dessous de la vignette supérieure : *C. Daubigny.*

Un berger, sa cornemuse sous le bras, caché derrière

un bocage, voit avec dépit Lisette, vendangeuse, lutinée par un rival.

Ce sujet se raccorde agréablement avec un trophée pastoral et des amours vendangeurs qui complètent la composition et descendent à droite et à gauche des couplets.

— 28 —

Les Souhaits ; bluette composée par Riboutté, sur un air de Pergolèse.

H. 0^m,180. L. 0^m,115.

Signée en haut à gauche : *C. Daubigny.*
Chants et Chansons populaires de la France, t. 1er.

Cette planche se compose de deux petits sujets ; l'un, qui fait tête de page, commente le couplet :

> Que ne suis-je la fougère
> Où sur la fin d'un beau jour
> Se repose ma bergère,
> Sous la garde de l'amour ?

La bergère est endormie dans un paysage fait, comme on disait jadis, pour le plaisir des yeux ; une guirlande d'amours voltige au-dessus d'elle.

L'autre sujet occupe la partie inférieure à gauche des couplets. Il représente une baigneuse sous les ombrages discrets d'un parc.

> Que ne suis-je l'onde pure
> Qui la reçoit dans son sein !

Épreuve d'essai avant les couplets, avec griffonnages de pointe.

— 29 —

Les Hirondelles ; paroles de Florian.

H. 0^m,190. L. 0^m,130.

Chants et Chansons populaires de la France, t. Ier, Paris, Delloye, 1843.

Des ceps de vigne encadrent la page et relient entre eux les différents tableaux décrits par les couplets de la chanson, gravés au milieu de la page.

La vignette principale, qui fait tête de page, représente la rue d'un village à l'entrée de l'hiver, avec tous les épisodes de la vie rustique : femme à âne, maréchal ferrant des chevaux, scieur de bois, troupeau de bestiaux. Les hirondelles se réunissent pour le départ autour du clocher du village.

Dans le montant de la page, à gauche, une jeune femme regarde un nid d'hirondelles bâti dans l'angle de sa fenêtre ; au-dessous, des enfants ont emprisonné une hirondelle dans une cage ; dans la partie droite de la page, un berger et une bergère Watteau dans les bois. Signé au-dessous de ce dernier sujet : *C. Daubigny.*

Nous publions aujourd'hui une reproduction par le procédé Durand de la « *rue de village en novembre* ». Elle est un peu agrandie et mesure 0^m,150 de longueur sur 0^m85 de hauteur, avec trait carré.

— 30 à 33 —

La Tentation de saint Antoine, pot-pourri, par Sedaine.

H. 0^m,180. L. 0^m,130.

Chants et Chansons populaires de la France, t. 1er.

Quatre dessins par Trimolet, gravés par Daubigny.

1re *planche.* Dans la partie inférieure de la page, à gauche, saint Antoine en prière dans une grotte éclairée par une lampe. Au-dessus de lui une avalanche de démons, de spectres, de monstres qui s'avance, à grand tapage.

2e *planche.* Saint Antoine prie pour échapper aux obsessions des démons moqueurs et aux provocations d'une « diablesse en falbalas ».

3e *planche.* Scènes de tentation de plus en plus risquées.

4e *planche.* Saint Antoine avec la croix et l'eau bénite exorcise la troupe innombrable des démons qui s'enfuient, se pressent, se précipitent et s'entraînent dans les enfers.

— 34 —

Dans les bois. Premier sujet pour la chanson : *Combien j'ai douce souvenance,* par Chateaubriand.

H. 0ᵐ,175. L. 0ᵐ,130.

Signée en bas, à gauche : *Daubigny.*
Chants et Chansons populaires de la France, t. II.

Au bord d'un chemin qui serpente dans une clairière de bois, une fille, à genoux sur l'herbe, cherche des fleurs et s'interrompt pour regarder deux amoureux qui s'embrassent.

— 35 —

La Tour du Maure. Deuxième sujet pour la chanson : *Combien j'ai douce souvenance.*

H. 0ᵐ,160. L. 0ᵐ,130.

Des cerfs viennent se désaltérer dans une rivière, la Dore, qui baigne les rochers où s'élèvent le château et la tour du Maure. A droite, sur la rive où se trouvent les cerfs, de grands arbres dominent la composition ; à gauche, saules pleureurs ; et, sur le premier plan, oseilles sauvages, roseaux, nénuphars, au-dessous desquels on lit : *Daubigny.*

Les couplets sont gravés dans la partie supérieure de la page. Il existe de belles épreuves d'artiste avant les couplets.

— 36 —

Leçon d'une mère à sa fille.

H. 0^m,175. L. 0^m,130.

Chants et Chansons populaires de la France, t. II.

Une mère et sa fille sont assises au bas d'un escalier
qui conduit à une maisonnette. Des ceps de vigne, soute-
nus par des perches, forment au-dessus d'elles une espèce
de berceau et montent ensuite dans la partie supérieure de
la page où sont gravés les couplets de Favart. Les deux
femmes ont laissé de côté leur rouet et leur quenouille, et
la mère, étendant le bras, montre à sa fille :

> Un étang
> Qui s'étend
> Dans la plaine
> Et répète au sein des eaux
> De verdoyants ormeaux
> Où les pampres s'enchaînent.

Comme un zéphyr peut ternir la surface de ces eaux
paisibles, il suffit d'un désir pour troubler « un cœur dont
l'amour est maître ». Telle est la comparaison dont se
sert la mère pour peindre à sa fille la tranquillité d'un
cœur candide et les orages de l'amour.

— 37 —

Le Retour au village. Premier sujet pour *la Chanson de Lisette*, par Monvel.

H. 0ᵐ,180. L. 0ᵐ,130.

Signée au bas, à gauche : *Daubigny*.
Chants et Chansons populaires de la France, t II.

Une voiture chargée de foin et suivie de faneurs et de faneuses retourne au village, dont on aperçoit, au loin, les toits et le clocher. Une bergère suit avec son troupeau, tout en caquetant avec un berger qui joue de la cornemuse. Des peupliers s'élancent jusqu'en haut de la page et accompagnent, à droite et à gauche, les couplets gravés au milieu de la partie supérieure.

— 38 —

La Danse villageoise. Deuxième sujet pour *la Chanson de Lisette*.

H. 0ᵐ,180. L. 0ᵐ,130.

Signée au bas, à gauche : *Daubigny*.
Chants et Chansons populaires de la France, t. II.

Des villageois dansent une ronde sous de grands arbres devant des musiciens juchés sur une estrade en planches ; autour des danseurs, on voit des couples assis échangeant de galants propos, des mères portant leurs nourrissons, des enfants se livrant à leurs jeux. Au fond, chaumière avec tonnelle, sous laquelle sont attablés buveurs et fumeurs.

Nous avons vu des épreuves avant le cuivre coupé, où *la Danse villageoise* se trouvait accouplée avec *le Retour à la ferme*.

— 39 —

Le Chant du Barde ; paroles d'Hoffmann, mus. de Méhul.

H. 0^m,180. L. 0,^m120.

Signée en bas, à gauche : *Daubigny*.
Chants et Chansons populaires de la France, t. II.

Un homme en costume Watteau, tenant une guitare, et une femme en corsage décolleté sont assis sur la fougère, sous de frais bocages, auprès d'un ruisseau. Ils écoutent le ramage des oiseaux dans la feuillée ; fauvettes, pinsons, chardonnerets sautillent et volettent dans des brindilles autour des couplets gravés dans la partie supérieure de la page.

Femme sensible, entends-tu le ramage
De ces oiseaux qui célèbrent leurs feux ?
Ils font redire à l'écho du rivage :
Le printemps fuit ; hâtez-vous d'être heureux.

— 40 —

Le Marché du Temple.

L. 0ᵐ,200. H. 0ᵐ,120.

Pour l'édition illustrée des *Mystères de Paris*. Paris, Delloye-
Gosselin, 1843-1844.
En vignette.

Dans une rue formée par deux rangées de boutiques,
surmontées de leurs enseignes affriolantes, circulent des
marchands d'habits-galons et des chalands en quête de
bonnes occasions. Au premier plan, à gauche, Rodolphe
et Rigolette se disposent à entrer chez la revendeuse,
Mᵐᵉ Bouvard. Au fond la rotonde du temple au toit couvert de neige.

1ᵉʳ *état*. Rares et brillantes épreuves sur chine avec la
signature gravée à la pointe, à gauche : *Daubigny, del. et sculp.*

2ᵉ *état*. Tirage de la publication avec le titre gravé.

— 41 —

*Le Bal dans le jardin d'hiver de l'Hôtel de l'am-
bassade.*

L. 0ᵐ,200. H. 0ᵐ,120.

Mystères de Paris, même édition.
En vignette.

Des réseaux de lianes serpentent à travers les treil-
lages ; des massifs d'arbustes de l'Inde et de plantes tro-

picales mêlent leurs végétations exotiques. Des groupes de personnages en toilette de bal causent ou se promènent. Au fond, salons splendidement éclairés.

1er état. Quelques rares et brillantes épreuves d'artiste sur chine qui ne portent que le nom à la pointe, à gauche : *Daubigny, del. et sculp.*

2e état. Tirage de la publication avec le titre gravé.

— 42 —

Les petits Cavaliers.

L. 0^m,112. H. 0^m,062.

En vignette.
Signée à la pointe à droite : *Daubigny*.

Ils passent à gué une rivière et gagnent à gauche une ile boisée. Sur le bord de la rivière, au fond, près d'un bouquet d'arbres, une construction se relie à un système de fortifications qui couronne un monticule. Un second coteau plus éloigné ferme l'horizon. Des arbres fins et sveltes se projettent à droite. Sur le premier plan, deux baigneurs.

Daubigny a gravé cette pièce au vernis mou, d'après un croquis fait sur nature représentant la Seine, l'île de Neuilly et le mont Valérien.

L'épreuve, peut-être unique, que nous décrivons fait partie de la collection de M. Giacomelli.

— 43 —

Le Nid de l'aigle dans la forêt de Fontainebleau.

L. 0^m,215. H. 0^m,142.

Épreuves d'essai signées à la pointe, à gauche : *Daubigny, del. et sculp.*

Publié dans *l'Artiste*, 4e série, t. II, 1844.

Un voyageur, accompagné de son chien, suit une route qui traverse une forêt. Il marche courbé sous le vent qui siffle dans le feuillage et secoue les trembles et les bouleaux.

Gravé par Daubigny d'après son tableau du Salon de 1844.

Les épreuves du tirage de *l'Artiste* portent au-dessus de l'estampe le nom du journal et au-dessous le titre de l'eau-forte.

— 44 —

L'Approche de l'orage.

L. 0^m,170. H. 0^m,110.

Les Beaux-Arts, Curmer, t. II, 1844.

Un berger qu'inquiète un ciel menaçant ramène vivement son troupeau sur une route, à droite de laquelle se trouvent une mare et de grands arbres aux masses vigoureuses violemment agitées par le vent.

Daubigny nous a dit avoir conçu cette composition sous la préoccupation de Paul Huet.

1ᵉʳ *état*. Brillantes |épreuves d'artiste sur chine, signées à la pointe, à gauche : *Daubigny, sculp.*

2ᵉ *état*. Tirage Curmer ; le nom de Daubigny gravé en haut de la planche ; le titre gravé dans la marge inférieure et le timbre sec de Curmer.

— 45 —

La Mare aux cerfs.

L. 0ᵐ,225. H. 0ᵐ,115.

Signée à gauche : *Ch. Daubigny, del. et sculp.* ; déposée en 1845.

Deux cerfs viennent boire à une mare dans une clairière de la forêt. Dans une percée de bois qui forme une voûte de feuillage, on voit passer un troisième cerf. Aux premiers plans, saules pleureurs et chardons très-étudiés dans le coin de gauche.

1ᵉʳ *état*. Avec la signature à la pointe : *C. Daubigny.* Ciel à peine indiqué.

2ᵉ *état*. Avant le titre, avec le nom gravé : *Ch. Daubigny, del. et sculp.* Branchanges ajoutés dans les masses d'arbres, ciel terminé et deuxième morsure.

3ᵉ *état*. Avec le nom gravé et ce titre bizarre : *la partie élevée de la forêt de Fontainebleau.*

La signature avait été d'abord gravée à la pointe à droite, elle a été effacée et reportée à gauche. Quelques épreuves portent la trace de cette première signature.

— 46 —

L'Orage.

L. o^m,215. H. o^m,122.

Signée à gauche : *C. Daubigny;* déposée en 1845.

Le vent échevéle les arbres, la pluie fouette, l'eau
ravine le pré ; un berger et son troupeau se sont mis à
l'abri sous les arbres ; un chien ramène un mouton retar-
dataire ; à droite, une rivière agitée, et, sur l'autre rive,
un parc à moutons avec la cabane du berger.

1er *état.* Avant les travaux dans la rivière et les reprises
de pointe sur les terrains pour dissimuler à droite les jambes
d'un personnage effacé. Il existe quelques épreuves de remarque de ce premier état avec une tête de lévrier gravée à
la pointe sèche dans la marge. (Collection de M. Geoffroy-
Dechaume.)

2e *état.* Épreuves sur chine collé et sans nom d'imp.
Avant les branches cassées et certains travaux dans le ciel.

3e *état.* Etat définitif de la planche avec des petites
branches qui se détachent des arbres sous la violence de
de l'orage et avec le ciel terminé.

4e *état.* Tirage du journal *l'Artiste,* sur papier généralement
bleu. Lettres gravées : à gauche, *Daubigny, pinx. et sculp.,*
et à droite : *Paris, imp. Pernel.* En titre : temps d'orage.
(Journal *l'Artiste,* VIe série, t. X, 1853.)

— 47 —

Lever de lune dans la vallée d'Andilly.

L. 0ᵐ,145. H. 0ᵐ,095.

Signée à gauche : *C. Daubigny, inv.;* déposée bibl. Roy
en 1845.

Une mare, au bord de laquelle s'élance un vieux saule,
occupe le premier plan, puis des champs et des lisières de
bois; la lune se lève à l'horizon et caresse le paysage de
ses rayons discrets.

Effet d'aqua-tinte obtenu à l'aide d'une étoffe de soie.

Cette jolie pièce, exécutée pour Curmer (?), n'a, croyons-
nous, jamais été publiée.

1ᵉʳ *état.* C'est celui que nous venons de décrire.

2ᵉ *état.* Signature : *Ch. Daubigny, del. et sculp.,* et titre
gravés.

— 48 —

Le Petit Parc à moutons.

L. 0ᵐ,160. H. 0ᵐ,090.

Signée à gauche : *Daubigny, inv.,* 1846.

Un berger, accompagné de ses deux chiens, va, de sa
cabane à son troupeau massé près d'un parc, dans une
plaine fraîchement labourée. Une percée lumineuse, tra-

versant un ciel pluvieux, éclaire les moutons et les loin-
tains.

Cette eau-forte est exécutée avec un soin et un charme
extrêmes. Le ciel et les terrains sont finement modelés.
Cette pièce, devenue rare, est souple et colorée comme
une peinture.

Il existe une intéressante reproduction par le procédé
Durand, mesurant $0^m,195$ de long sur $0^m,110$ de haut.

— 49 —

Les Baigneuses; souvenir du ru de Valmondois.

L. $0^m,150$. H. $0^m,090$.

Signée à gauche : Daubigny, inv., 18 (sic); déposée en 1846.

Des femmes se livrent au plaisir du bain dans une
rivière aux bords gazonnés et plantés d'arbres qui entre-
tiennent la fraîcheur de ses eaux.

Très-rare ; la planche a été planée après le tirage d'un
très-petit nombre d'épreuves.

Il existe quelques épreuves d'un premier état d'eau-
forte pure avant la reprise des travaux de pointe sèche et
la seconde morsure.

Nous avons à signaler une reproduction plus grande
que l'original par le procédé d'héliogravure Durand.

L. $0^m,240$. H. $0^m,145$.

— 50 —

L'Hôtel de M. Thiers.

L. 0m,140. H. 0m,080.

Signée à gauche : *Daubigny, del. et sculp.*

En avant de l'hôtel, à la grille duquel stationne une voiture, on voit la fontaine Saint-Georges, la place où circulent les passants et le commencement de la rue Fontaine.

Nous ferons remarquer que les maisons qui forment l'angle de gauche de la rue La Bruyère n'existaient point encore, et que des arbres élevés occupaient la place où elles ont été bâties.

Nous ne connaissons pas la destination de cette planche, non plus que de la planche suivante, exécutées, croyons-nous, vers 1847, pour l'éditeur Michel (?), aujourd'hui décédé. La Révolution de 1848 aura sans doute arrêté la publication de l'ouvrage auquel elles étaient destinées. M. Thiers, à qui nous avons pris la liberté de les signaler, n'en avait pas connaissance.

1ᵉʳ *état.* Eau-forte pure, pas de ciel.

2ᵉ *état.* Ton passé à la mécanique sur le ciel et sur diverses autres parties de la planche. Il existe quelques épreuves d'artiste de ce second état sur chine collé.

— 51 —   .

Le Cabinet de M. Thiers.

L. 0^m,140. H. 0^m,080.

Signée à gauche : *Daubigny*.

A gauche règne, à hauteur d'appui, une bibliothèque
pleine de gros livres et supportant des coupes, des statuettes; au-dessus des tableaux, parmi lesquels on distingue *le Jugement dernier* d'après Michel-Ange, entre *le
Mariage de la Vierge* et *la Transfiguration*[1] d'après Ra-
phaël. Au fond, une cheminée, à l'angle de laquelle est
établi un bureau avec un fauteuil; au milieu un bureau-
table couvert de plans; à droite, entre les deux fenêtres
qui éclairent la pièce, des tables ou des chaises pliant sous
les livres, les cartes, les mappemondes.

Cette pièce est plus rare encore que la précédente.

— 52 —

Vendange à Champlay; environs de Joigny
(Yonne); effet de clair de lune.

L. 0^m,150. H. 0^m,080.

Signée à gauche : *Daubigny, del.*

Un homme debout sur une charrette foule le raisin
dans une cuve avec un bâton. Des bœufs se reposent un
peu plus loin. On aperçoit encore quelques vendangeurs

1. Ces trois peintures ont échappé, en 1871, au sac de la maison de
M. Thiers.

dans les vignes. Le croissant de la lune brille dans la partie droite du ciel.

Effet d'aqua-tinte obtenu au moyen d'une étoffe.

— 53 —

L'Incendie de la ferme. Souvenir du Morvan, 1848.

L. 0^m,195. H. 0^m,115.

Signée à gauche : *Daubigny, inv.*

Au milieu de la nuit, un violent incendie dévore une ferme d'où l'on fait sortir les bestiaux effarés : chevaux qui se cabrent, moutons qui se pressent, vaches qui se bousculent. Au premier plan, meules près desquelles se trouvent la famille et le mobilier des incendiés. Au fond, à droite, un petit cavalier lancé au galop va chercher du secours.

Nous ne connaissons que trois épreuves de cette pièce ; elles appartiennent à MM. Daubigny, Geoffroy-Dechaume et Ph. Burty.

— 54 —

Le Moulin. D'après un dessin de Jean Pinas faisant partie de la collection du Louvre. — Chalcographie du Louvre, 1848.

L. 0^m,190. H. 0^m,120.

Après avoir fait tourner la roue d'un moulin, un cours d'eau tombe en cascades d'une côte à pic, et arrose ensuite

une vaste plaine ; à l'horizon, une montagne, au sommet
de laquelle on distingue une tour démantelée.

1er *état*. Gravure au trait.

2e *état*. L'estampe est entourée d'un quintuple trait carré.
Cet état d'eau-forte et « de cravate » combinées a tout l'accent d'un dessin. Néanmoins, il n'a pas satisfait l'Administration, et Daubigny a recommencé un nouveau cuivre plus
conforme aux vues qu'on lui exprimait. C'est la planche
connue de la chalcographie ; elle est d'un travail doux et
affadi. Les épreuves, légèrement bistrées, sans lettres ni titre
gravés, portent le timbre sec de la chalcographie.

— 55 —

La Récolte du quinquina.

L. 0^m,392. H. 0^m,270.

Pour l'ouvrage de Wedell : *Histoire naturelle des Quinquinas.*
Paris, Victor Masson, 1849.

Dans une clairière d'une forêt d'Amérique, trois
hommes débitent avec des haches ou empilent l'écorce
d'arbres quinquinas abattus. Au fond, un lac entouré de
montagnes élevées.

Les plantes sont bien dessinées, mais l'aspect général
de cette planche est froid.

Nous avons noté une épreuve sur grande marge,
chine, sans autres lettres que la signature de l'artiste, à la
pointe, à droite : *C. Daubigny.*

Collection de M. Giacomelli.

— 56 —

L'Abreuvoir ; fac-simile d'après un dessin de Claude Lorrain de la collection du Louvre, 1849.

L. 0ᵐ,300. H. 0ᵐ,215.

Un bouquet d'arbres d'un beau caractére occupe le milieu de la composition ; sur le second plan, à gauche, des constructions et fabriques se relient à un pont jeté sur une rivière. Sur les terrains du premier plan, des pâtres ménent boire leurs bestiaux à une mare.

1ᵉʳ *état*. Épreuves avant le travail en manière d'aquatinte où l'on peut apprécier, mieux que dans la planche terminée, la sûre et vive allure de la pointe de l'artiste.

2ᵉ *état*. La planche terminée. Quelques épreuves imprimées par Delâtre, en noir, la font ressembler à un lavis d'encre de Chine.

3ᵉ *état*. Tirage de la chalcographie en encre bistrée, avec le timbre sec de ce service du Louvre, sans titre ni lettres gravées.

— 57 —

L'Enfant et les Fleurs.

H. 0ᵐ,140. L. 0ᵐ,110.

En vignette.

Signée à gauche : *Daubigny*.

Pour *les Fables de Lachambeaudie*. Michel et Joubert, éditeurs, Paris, 1851.

Un moissonneur et une moissonneuse regardent en souriant un enfant qui fait des bouquets de coquelicots, de marguerites et de boutons d'or dans un champ de blé ; au second plan, des gens chargent une voiture auprès d'un bouquet d'arbres.

Épreuves d'artiste, avant lettres, sur chine collé.

Les épreuves du tirage pour l'édition des fables portent le titre gravé et, au-dessous, à gauche, le nom de l'éditeur : *Michel, éditeur, rue Saint-André-des-Arts, 27, Paris*, et, à droite, le nom de l'imprimeur : *Imprimerie Drouart, Paris, rue du Fouarre.*

— 58 —

Les deux rivages.

Avec les témoins. H. 0^m,260. L. 0^m,165.
H. 0^m,140. L. 0^m,100.

En vignette.

Signée à gauche : *Daubigny*.

Pour *les Fables de Lachambeaudie*, édition in-8° illustrée. Paris, Michel, 1851.

Un jeune homme, portant un paquet à l'extrémité d'un bâton posé sur son épaule, suit un chemin qui côtoie une rivière ; d'un côté, la rive est fleurie, ombreuse, égayée par les chansons des laveuses ; l'autre bord est couvert d'ouvriers, de grues, de pieux, de brouettes ; on a abattu les beaux arbres pour canaliser la rivière. C'est l'allégorie du positif en regard de l'idéal.

1re *état*. Rares épreuves d'artiste avant la lettre et avant le cuivre coupé.

2e *état*. Tirage de l'édition.

3e *tirage*. En haut de la planche : *la Aurora de los niños*, et en bas le titre : *Las dos Riberas*, avec le nom de l'imprimeur : *Imp. chez Drouart*.

8

— 59 —

Le Bas-Meudon, d'après une épreuve daguer-
rienne de Lerebours; aqua-tinte et pointe.

L. 0^m,204. H. 0^m,143.

Signée à gauche : *Daubigny, sculp.*
Journal *l'Artiste*, 5e série, t. IX, 1852-53.

Un petit bras de la Seine coule paresseusement au
milieu des îles du bas Meudon ; un berger s'est endormi sur
la rive près d'un bouquet d'arbres ; près de lui, ses deux
chiens au repos ; des moutons paissent çà et là. Un bac
est amarré à la rive.

1er *état*. Fin et lumineux, mais avec des insuffisances et
des duretés de morsure harmonisées par un bain ultérieur.
Quelques légers travaux de pointe seulement dans le ciel.

2e *état*. Planche terminée. Ciel exécuté à la mécanique ;
roulette ou aqua-tinte dans les eaux ; lettres gravées ; à gauche :
Daubigny, pinx. et sculp. ; à droite : *Paris, imp. de Pernel.*

Dans la marge supérieure, *l'Artiste* ; dans la marge inférieure, le titre : *Vue prise au Bas-Meudon* ; quelquefois le
timbre sec du journal *l'Artiste.*

— 60 —

Couronne de fleurs des champs : bluets, coquelicots, liserons mêlés à des épis de blé et
d'avoine.

Gravé pour servir de titre à la première serie de
douze eaux-fortes que Daubigny publia en deux livraisons
de six planches en 1851.

Le *premier tirage* de ce titre-couverture a été fait sur
papier bleu, les épreuves portent le titre suivant gravé à la
pointe :

Deux Cahiers
par an
1851
Eaux-fortes
par
DAUBIGNY
5 francs le cahier, 1 franc l'épreuve séparée.

Au bas, à droite et en dehors de la vignette : *A. Beillet, imp.
quai de la Tournelle, 33, Paris.*

Deuxième tirage. Papier jaune clair : *Eaux-fortes* par Daubigny ; au bas, à droite : *Imp. par A. Beillet.*

Troisième tirage. Quelques épreuves sur papier ancien,
papier jaune café : le nom de l'imprimeur suivi de son
adresse.

Quatrième tirage. Papier vert : le nom et l'adresse de l'imprimeur effacés.

Cinquième tirage. Chine collé sur papier blanc ; au bas, à
droite, en lettres gravées : *Imp. Ch. Delâtre, rue Saint-Jacques, 303, Paris*, par-dessus l'adresse d'Aug. Delâtre, effacée.

— 61 —

Le Lever du soleil.

L. 0^m,235. H. 0^m,130.

N° 1, premier cahier.

Signé à gauche : *Daubigny, inv.*

Le soleil monte à l'horizon et noie dans sa splendeur les champs étincelants de rosée. Ferme, arbres, saules aux scions à peine feuillés, sortent confusément des pénombres de l'aube et projettent sur les terrains des ombres démesurées. Sur le premier plan, vers la gauche, une femme fait boire ses vaches à une fontaine. Ce groupe s'enlève en vigueur sur les vapeurs lumineuses qui flottent à l'entour.

Daubigny a peint en 1873 un tableau d'après cette eau-forte.

1er *état*. Épreuve avant les contre-tailles sur les terrains de gauche et la mise à l'effet du ciel.

2e *état*. Définitif. Il a été fait un tirage d'artiste peu considérable de toute cette suite, sans nom d'imprimeur, avant la mise dans le commerce des deux cahiers.

— 62 —

Les Chevaux de halage.

L. 0^m,160. H. 0^m,082.

N° 2, premier cahier.

Signée à gauche : *Daubigny, inv.*

A gauche, deux chevaux de halage, sur l'un desquels

un homme est assis, marchent sur le bord d'une rivière ;
plus loin, une seconde attelée qu'excite du fouet un second
personnage qui s'enlève en silhouette sur le ciel. Effet du
soir.

1ᵉʳ *état*. Avec de petites figures grotesques dans la marge
inférieure ; avant la mise à l'effet de la planche et les derniers travaux de pointe sur l'homme à cheval.

2ᵉ *état*. Celui que nous avons décrit plus haut avant
l'adresse de l'imprimeur Beillet.

— 63 —

Les Bords du Cousin. Effet du soir.

L. 0ᵐ,150. H. 0ᵐ,120.

Numérotée 3 en haut à droite, premier cahier.

Signée à gauche : *Daubigny* ; à droite, nom et adresse de *l'imp.
Beillet*.

Un chemin longe les bords d'une petite rivière plantés
de jeunes arbres et va se perdre à droite derrière la lisière
d'un bois épais. On distingue un petit voyageur sur la
route, à l'arrière-plan.

1ᵉʳ *état*. Travail léger ; sur la droite un troupeau de
vaches et des porteuses d'herbe.

2ᵉ *état*. Quatre vaches effacées dans le bas de l'estampe à
droite.

3ᵉ *état*. Tous les animaux et figures ont disparu. L'artiste
a surchargé la planche de travaux pour en dissimuler les

modifications, et elle devint ainsi un effet de soir un peu sourd.

Il existe des épreuves de ce troisième état avant toutes lettres et avant le numéro.

4ᵉ *état*. Les travaux du ciel dans le fond, à l'horizon, ont été grattés au brunissoir pour mieux affirmer l'effet du soir. Signée à gauche à la pointe et à droite : *Imp. par Aug. Delâtre, faubourg Poissonnière, 145, Paris.* N° 3 en haut à droite.

— 64 —

L'Ane à l'abreuvoir ; aqua-tinte.

L. 0ᵐ,155. H. 0ᵐ,095.

N° 4, premier cahier.

Signée à la pointe, à gauche : *Daubigny, inv.;* à droite : *A. Beillet, imp. quai de la Tournelle, 35, Paris.*

Un paysan fait boire son âne à une rivière qui serpente dans une prairie plantée d'arbres au feuillage printanier.

Première pensée du tableau : *Soleil couchant,* du Salon de 1859.

— 65 —

Les Petits oiseaux.

H. 0ᵐ,150. L. 0ᵐ,100.

Signée à gauche : *Daubigny.*

Pièce non numérotée, faisant partie du premier cahier.

Sur un chemin bordé de saules et de peupliers, dont les bourgeons n'attendent qu'un rayon de soleil pour s'ouvrir, un couple amoureux s'éloigne en se tenant enlacés. Mille oiseaux jaseurs sautillent dans les branches et vocalisent à l'envi; il n'est pas jusqu'aux lapins qui ne prennent leur part de ces joies du renouveau.

Dans la marge, Daubigny a gravé à la pointe, en manière de légende, ces deux vers d'une chanson d'alors :

> Petits oiseaux, le printemps vient de naître;
> Oiseaux, chantez le printemps et l'amour.

Idylle charmante, d'un frais sentiment et d'une exécution délicate.

1er *état*. Trois petits lapins au premier plan, dont un sur le milieu du chemin.

2e *état*. Les deux petits lapins de gauche s'enlèvent en vigueur au moyen de travaux ajoutés et le troisième sur le chemin a été effacé.

Un cliché en relief de cette planche, procédé *Yves et Barret*, a paru dans le numéro de *la Gazette des Beaux-Arts*, du 1er mai 1874 (tome IX, 2e pér.), avec notre premier essai de catalogue de l'œuvre gravé de Daubigny.

— 66 —

L'Automne. Souvenir du Morvan.

L. 0^m,195. H. 0^m,115.

Non numérotée, premier cahier.

Sur la lisière d'un bois, au pied d'une haie sèche, une fontaine alimente un ruisseau qui coupe transversalement

un chemin sur lequel un paysan charge un âne de fumier.
Bouquets de bois sur le second plan à gauche; au fond,
marais et coteau noyés dans les lumineuses vapeurs du
matin.

Cette pièce, une des plus chatoyantes de l'œuvre de
Daubigny, a subi diverses modifications.

Dans un PREMIER ÉTAT, au lieu du paysan à l'âne que
l'on voit aujourd'hui, un voyageur buvait au ruisseau dans
le creux de sa main, son paquet déposé auprès de lui. Un
mur en pierres continuait la haie sèche. L'arbre effeuillé
qui se projette hors du massif de droite n'existait pas; et
ce massif lui-même ne montait qu'à moitié de la hauteur
de la planche.

2ᵉ *état*. Eau-forte naturelle avec les changements indi-
qués, avant les travaux de roulette. Signée à la pointe, à
gauche : *Daubigny*.

3ᵉ *état*. Définitif, avec le nom et l'adresse gravés à la
pointe, à droite : *A. Beillet, imp. quai de la Tournelle, 35, à
Paris*.

4ᵉ *état*. Tirage de *l'Artiste* (5ᵉ série, tome VIII, 1852);
avec le nom du journal gravé dans la marge supérieure, le
titre : *l'Automne*, dans la marge inférieure, les nom et
adresse de l'imprimeur : *imp. de Beillet, quai de la Tournelle, 35, Paris*, et quelquefois le timbre sec de *l'Artiste*.

5ᵉ *état*. Tirage postérieur à celui du journal, avec le nom
et l'adresse de *Delâtre, faubourg Poissonnière*, 145.

Daubigny a ajouté quelques travaux assez mal raccordés,
à la morsure, avec les travaux anciens; planche très-fati-
guée.

— 67 —

Le Satyre.

H. 0ᵐ,150. L. 0ᵐ,110.

Nᵒ 7 en haut; deuxième cahier de la première série.

Signée en bas, à gauche; à droite, nom et adresse de *l'imprimeur Beillet.*

Un satyre enlève une nymphe près d'un ruisseau qui contourne la lisière d'un bois. Une autre nymphe effrayée *fugit ad salices*. Effet de soleil levant.
Gravure au vernis mou.

— 68 —

Le Bac.

H. 0ᵐ,165. L. 0ᵐ,100.

Nᵒ 8, deuxième cahier de la première série.

Signée en bas, à gauche : *Daubigny*. La date 1850 à la suite du nom a été effacée; à droite, l'adresse de *Beillet*.

Un bac, qu'un homme manœuvre à la corde, aborde à un chemin qui débouche dans la campagne. Une barque est amarrée au rivage, à droite. Souvenir des îles Bezons.

— 69 —

La Pêcherie.

H. o^m,170. L. o^m,135.

N° 9 à droite et à gauche, deuxième cahier de la première série.

Signée à gauche : *Daubigny*, avec l'adresse de *Beillet* à la pointe, à droite.

Un bras de la Seine au milieu des îles vierges de Bezons ; bateau à gauche et, plus loin, une boutique à poisson.

Pièce très-lumineuse et très-librement traitée dans le feuillé des arbres.

Collection de **M.** Giacomelli : épreuve avant le trait carré.

— 70 —

Les Charrettes de roulage; souvenir du Morvan.

L. o^m,150. H. o^m,090.

Signée à la pointe, à gauche : *Daubigny*.

Et numérotée 10, deuxième cahier de la première série ; au bas, à droite : *Beillet, imp. quai de la Tournelle, 35, Paris.*

Emploi du procédé dit « à la cravate ».

Il existe quelques épreuves d'un premier tirage avant l'adresse de Beillet.

— 71 —

Les Ruines du château de Crémieux (Isère).

L. 0^m,175. H. 0^m,092.

Signée à la pointe, à gauche : *Daubigny*.
Et numérotée 11, deuxième cahier de la première série.

Une route encaissée dans un double escarpement de rochers conduit aux ruines, dont les lignes sévères se profilent sur l'horizon. Sur le chemin, un cavalier s'élance, au grand galop, suivi de son chien.

Emploi du procédé dit « à la cravate ».

— 72 —

Les Cerfs au bord de l'eau. Souvenir des îles Bezons.

L. 0^m,155. H. 0^m,115.

N° 12, deuxième cahier de la première série.

Signée à gauche : *Daubigny*; adresse : *A. Beillet, imp. quai de la Tournelle, 35, Paris*.

Deux cerfs viennent se désaltérer dans les eaux paisibles d'une sorte d'étang dont la fraîcheur est protégée par les bouquets de bois et le rideau de peupliers qui l'entourent.

1er *état*. Cette planche, exécutée en manière d'aqua-tinte (procédé de la cravate), donnait un effet de lune. Il existe une ou deux épreuves d'essai de cet état.

2ᵉ *état*. Le ton d'aqua-tinte enlevé et la pièce reprise à la pointe.

3ᵉ *état*. Celui que nous avons décrit. Un tirage postérieur porte à droite : *Imp. par Delâtre, faubourg Poissonnière, 145, Paris.*

M. Giacomelli possède une épreuve de cette planche avant le trait carré.

— 73 —

Le Buisson, d'après Ruysdael.

L. 0ᵐ,390. H. 0ᵐ,330.

Signée à gauche à la pointe, en dehors du tr. c. : *J. Ruisdael, pinxit* ; à droite : *C. Daubigny, sculp., 1855.*

Eau-forte commandée sur les fonds de la liste civile impériale en 1853 et livrée à la chalcographie du Louvre en 1855.

À droite, un chemin montant et sablonneux bordé d'un côté par un buisson et de l'autre par un escarpement couvert de broussailles. Un paysan portant un paquet d'herbe sous son bras et accompagné de trois chiens gravit cette route, au bout de laquelle on aperçoit le toit d'une maison. À gauche, des champs séparés par des clôtures en planches, des arbres, et, plus loin, les toits de maisons que domine une église.

1ᵉʳ *état*. Eau-forte pure ; état de la planche après la première morsure, avant que la planche ait été reprise et poussée au ton par de nouvelles et énergiques morsures.

État très-curieux par l'esprit du travail et la fermeté du dessin.

2ᵉ *état*. Épreuves imprimées par Aug. Delâtre; dix à douze environ. Ces épreuves, très-soutenues, sont préférées par les amateurs aux épreuves plus froides et plus classiques de la chalcographie.

3ᵉ *état*. Tirage de la chalcographie; à la signature et lettres à la pointe que nous avons signalées, le graveur de lettres a ajouté le titre en lettres grises : *le Buisson*, et à droite, en plus petits caractères; *chalcographie impériale du Louvre*, avec le timbre sec de ce service.

— 74 —

Le Bac de Bezons.

L. 0ᵐ,165. H. 0ᵐ,095.

Signée à gauche : *Daubigny*; à droite, *Imp. Beillet*.

En haut, à droite, on distingue encore le nᵒ 12 effacé. Cahier de la deuxième série.

Un homme manœuvre à la corde un bac chargé d'une voiture de foin et le dirige vers la rive gauche; à l'arrière du bateau, deux femmes, dont une trempe un linge dans l'eau.

1ᵉʳ *état*. Épreuves après la première morsure.

2ᵉ *état*. Épreuves en encre bistrée, avant aucune trace du nᵒ 12 et sans le nom de l'imprimeur.

— 75 —

Les Cerfs sous bois.

H. 0^m,160. L. 0^m,110.

Cahier de la deuxième série.

Un cerf et une biche passent au galop sur la lisière d'une futaie de peupliers à peine feuillés; terrains marécageux au premier plan.

Épreuves du premier tirage en encre bistrée, avec la signature à gauche : *Daubigny,* et sans nom d'imprimeur.

Le tirage suivant porte à la pointe, à droite : *Paris, imp. par Aug. Delâtre, imp. Faubourg-Poissonmière,* 145; puis le nom de Beillet a été gravé par-dessus cette première adresse effacée.

— 76 —

Les Vaches au marais.

L. 0^m,225. H. 0^m,125.

Cahier de la deuxième série.
Signée à gauche : *Daubigny, inv. sculp.*

Sous des arbres largement massés et qui se projettent au-dessus de l'eau, un troupeau de vaches vient s'abreuver. Dans le lointain s'avance un autre troupeau.

Paysage composé un peu dans le goût de dessin de Claude Lorrain.

Épreuves du premier tirage en encre bistrée; signature à gauche sans nom d'imprimeur.

Nous avons relevé sur des épreuves postérieures : *Imp. A. Beillet.*

— 77 —

Le Marais aux cigognes.

L. 0^m,195. H. 0^m,125.

Signée à gauche : *Daubigny, inv. sculp.*
Cahier de la deuxième série.

De nombreuses cigognes s'ébattent dans un marais qui baigne le tronc des arbres groupés à droite. A côté des arbres du second plan de gauche, une percée laisse apercevoir l'horizon. Dans le ciel, vol d'oiseaux, dont quelques-uns se posent sur les branches vigoureuses et à demi dépouillées d'un arbre.

Il existe des épreuves d'artiste imprimées en encre bistrée avant le nom de Beillet; puis un tirage avec ces mots à droite : *Imp. Beillet;* puis tirages successifs par Delàtre et Beillet.

Cette planche a été publiée dans le numéro de *la Gazette des Beaux-Arts* du 1er mars 1874 (t. IX, 2e pér.), avec le titre gravé en marge : *le Marais.* A gauche : *Daubigny, inv. et sculpt.;* un peu au-dessous : *Gazette des Beaux-Arts;* et, à droite : *Imp. A. Salmon. Paris.*

Daubigny a peint, en 1873, un tableau d'après cette eau-forte.

— 78 —

L'Ondée.

L. 0^m,230. H. 0^m,135.

Signée à gauche : *Daubigny.*
Cahier de la deuxième série.

Chassés par une bourrasque, des moutons poursuivis par deux chiens descendent une berge et longent une rivière, où ils se reflètent. Le berger s'enlève en vigueur sur le foyer lumineux du ciel. A gauche, on aperçoit des nasses dans les herbes de la rive.

1er *état.* Épreuve d'essai, première morsure, eau-forte pure.

2e *état.* Tailles engraissées par une seconde morsure, et reprise de travaux.

— 79 —

Le Coup de soleil, d'après Ruysdael.

L. 0^m,400. H. 0^m,330.

Signée à la pointe, à gauche : *Daubigny.*

Gravure à l'eau-forte commandée sur les fonds de la liste civile impériale en 1855; livrée à la chalcographie du Louvre en 1860.

Sur une route, au premier plan à gauche, passe un

cavalier à qui des pauvres demandent l'aumône. Une
rivière coule en contre-bas, et un pont, aux deux extrémités
duquel s'élèvent des tours et constructions en ruine, relie
les deux rives. A droite, des baigneurs dans la rivière ;
sur un monticule escarpé, les ruines d'un château-fort ; à
droite du chemin qui y mène s'élève un moulin à vent ;
plus loin, à gauche du château, un village, des clochers,
un autre moulin à vent ; hautes montagnes dans le fond.
Un rayon de soleil traversant un ciel nuageux glisse sur le
second plan et éclaire le paysage.

1er *état*. Il existe quelques rares et curieuses épreuves
d'un premier état de la planche après une première morsure.

2e *état*. Une dizaine environ d'épreuves chaudes et colorées ont été tirées par Delâtre avant la livraison du cuivre à
la chalcographie. Elles sont plus appréciées des amateurs que
les épreuves avant lettre de la chalcographie, plus froides et
marquées d'ailleurs du timbre de ce service.

3e *état*. Tirage de la chalcographie. La signature à la
pointe a été effacée et remplacée par les lettres gravées. A
gauche : *Ruisdael, pinxit* ; à droite : *Daubigny, sculp.* ; au milieu, sous le trait carré : *Chalcographie impériale du Louvre*, et
au-dessous, en lettres grises, le titre : *le Coup de soleil*.

— 80 —

La Plage de Villerville.

L. 0^m,195. H. 0^m,095.

Signée à gauche : *Daubigny*.
Cahier de la deuxième série.

Auprès d'une charrette dont le cheval a été dételé,
des pêcheuses cherchent, à marée basse, des moules ou des

9

crevettes. Au second plan, à droite, un bateau de pêche et une seconde charrette attelée, à gauche.

Cette planche a été publiée dans le numéro de *la Gazette des Beaux-Arts* du 1ᵉʳ mai 1874 (t. IX, 2ᵉ période). Le tirage de *la Gazette* porte les lettres suivantes : à gauche : *Daubigny, inv. et sculpt.*; au milieu, le titre : *Plage de Villerville*; plus bas, à gauche, le nom du journal et, à droite, celui de l'imprimeur : *Imp. A. Salmon, Paris.*

— 81 —

Le Printemps, d'après le tableau du Salon de 1857, actuellement au musée du Luxembourg.

L. 0ᵐ,245. H. 0ᵐ,120.

Une femme à âne débouche d'un sentier perdu dans les seigles et d'où émergent plus loin deux têtes d'amoureux qui s'embrassent. A gauche, des pommiers tout pimpants de fleurs s'enlèvent sur les verdures tendres d'une lisière de bois.

1ᵉʳ *état*. Épreuves d'artiste sur papier ancien, avant toutes lettres; état naturel de la planche.

2ᵉ *état*. Avec ces mots à la pointe, à gauche : *Daubigny; eau-forte*, 1857.

3ᵉ *état*. Tirage du journal *l'Artiste* (année 1858, premier semestre). Les lettres à la pointe remplacées par des lettres gravées : *Daubigny, del. et sc.*, à gauche; à droite : *Montmartre, imp. Delâtre, rue Nicolet, 10.* Le titre du journal dans la marge supérieure et le titre de l'eau-forte dans la marge inférieure.

— 82 —

Le Guet du chien.

L. 0^m,150. H. 0^m,085.

Cahier de la deuxième série.

Un chien surveille un groupe de moutons, vers lequel un autre chien ramène quelques bêtes qui s'étaient écartées.

1er *état.* Épreuves avant le titre et signées à la pointe, à gauche : *Daubigny.*

2e *état.* Tirage du journal *l'Artiste,* qui a publié cette planche en 1857 (6e série, tome III), avec le nom du journal en haut, le titre : *le Guet du Chien,* dans la marge; à gauche, *Ch. Daubigny, inv.,* et à droite l'adresse de *Delâtre, faubourg Poissonnière,* 145.

— 83 —

Le Chant du coq.

H. 0^m,145. L. 0^m,115.

Signée dans l'estampe, sur un bout de planche, à droite : *Daubigny.*

Cahier de la deuxième série.

« Victorieuse des harmonies confuses de l'aube, la lumière émerge à l'horizon... Tout s'éveille dans la na-

ture... Dans la cour de la ferme, une note éclate et ré-
sonne comme un cuivre dans une symphonie : Coricoco !
C'est le coq gaulois qui, les pattes tendues, la poitrine en
avant, la gorge gonflée, la crête haute, l'œil hardi, debout
sur le fumier où picorent ses poules, a jeté à plein bec son
chant rauque et sonore. »

1er état. *Le Chant du coq* a été gravé sur le même cuivre
que *le Guet du chien*. Il existe quelques épreuves avant le
coupage du cuivre qui donnent le résultat de la première
eau-forte.

2e état. Épreuves avant toutes lettres.

3e état. A gauche : *Imp. Beillet*, et en marge le mot *Corri-
coco* (sic), gravé à la pointe. Quelques reprises de travaux
dans le ciel.

Cette planche a été publiée dans le tome II du *Musée
universel*, de M. Ed. Lièvre (Paris, Goupil et Cie, 1868), avec
une intéressante notice de M. Ph. Burty, à laquelle nous
avons emprunté les lignes qu'on vient de lire. Ce tirage
porte le nom de l'artiste gravé dans la marge supérieure et
en bas le titre : *l'Aurore*.

— 84 —

Soleil couchant.

L. 0^m,183. H. 0^m,115.

Signée à gauche : *Daubigny, 1859*, avec le titre gravé à la pointe :
Soleil couchant et en dessous : *Salon de 1859.*

Dans une prairie plantée de peupliers et de pommiers
dont le feuillage printanier commence à peine à faire écla-

ter les bourgeons, une récente inondation a laissé des fla-
ques d'eau. Au bord de l'une d'elles un paysan fait boire
son âne.

Publiée par *la Gazette des Beaux-Arts*, 1re année, tome II

1er *état.* Épreuves d'artiste avant lettres.

2e *état.* Tirage de *la Gazette des Beaux-Arts*, avec le titre
du journal gravé à gauche et le nom de l'imprimeur à
droite : *Imp. Delâtre, Paris.*

— 85 —

La Machine à battre le blé.

H. 0^m,41. L. 0^m,33.

Pour la publication : *l'Art au* xixe *siècle*, par Ch. Labourieu
Paris, 1860.

Signée à gauche : *Daubigny*, en bas du cuivre, à droite : *Imp.
Pierron, rue Montfaucon, 1, Paris.*

Une machine à battre fonctionne à la vapeur près des
bâtiments d'une ferme. Tous les gens de la ferme s'em-
ploient à servir la machine et se hâtent au travail.
Eau-forte traitée en croquis.
Spécimen peu flatteur de paysage industriel et utili-
taire.

— 86 —

Le Grand Parc à moutons, sujet du tableau du
Salon de 1861.

L. 0^m,340. H. 0^m,185.

Les moutons sont couchés par groupes ou massés le
long des barrières de leur parc, que dominent, à gauche,
de belles ondulations de terrain et, à droite, la cabane du
berger. Effet de matin.

> Publiée dans l'album de la *Société des aquafortistes,* 1re année,
> 1863. Salon de 1865.

1er *état.* Épreuve d'eau-forte pure, avec la signature à la
pointe, à gauche : *Daubigny,* 1860.

2e *état.* La date effacée et la planche mise à l'effet à la
pointe sèche.

3e *état.* État définitif avant toutes lettres; épreuves sur
papier du Japon et sur papiers anciens.

4e *état.* Tirage sur papier vergé. Lettres gravées, à
gauche : *Daubigny, pinx. et sculp.,* à droite : *Imp. Delâtre, rue
des Feuillantines,* 4 P. le titre : *Parc à moutons, le matin,* et
au-dessous : *publié par Cadart et Chevalier, rue Richelieu,* 66.

5e *tirage* postérieur sur papier de Chine, sans noms d'éditeurs.

— 87 —

Cochon dans un verger.

L. 0ᵐ,155. H. 0ᵐ,105.

A gauche : *Daubigny,* à droite : *Imp. Beillet.*
Deuxième cahier.

Un cochon boit dans sa bauge. Non loin de sa cabane, un ruisseau avive la végétation de ce coin plantureux dont le graveur a rendu d'une façon pittoresque le papillotant fouillis.

Au bas du premier tirage, cette légende humoristique improvisée par le statuaire Chenillon, pendant que Daubigny exécutait sa planche directement d'après nature :

Un cochon de propriétaire qui ne fera de bien qu'après sa mort.

— 88 —

La Poule et ses poussins.

L. 0ᵐ,150. H. 0ᵐ,095.

Signée à gauche : *Daubigny, inv.*

Dans un coin de verger clos de palissades, une poule surveille les premiers ébats de ses poussins. Des oiseaux et des insectes volettent et bourdonnent au soleil dans les hautes herbes fleuries.

— 89 —

Lever de lune.

L. 0^m,165. H. 0^m,095.

Une femme fait paître ses vaches aux abords d'une ferme, aux toits fumants, à demi cachée dans les arbres. Au-dessus de belles masses de verdure qui ferment l'horizon, la lune éclaire de sa douce lumière ce paysage calme. Sur les terrains gisent des troncs d'arbres abattus; dans le coin, à gauche, une femme et un enfant.

Cette pièce gravée par Daubigny, d'après son tableau du Salon de 1861, a été publiée par *la Gazette des Beaux-Arts*, numéro de novembre 1871. (T. IV, 2ᵉ période.)

1ᵉʳ *état*. Très-blond et très-léger ; cuivre non coupé, mesurant 0^m,235 de long sur 0^m,165 de haut. Signée à gauche : *Daubigny*. (Collection de M. Ph. Burty.)

2ᵉ *état*. Cuivre coupé, marges nettoyées.

3ᵉ *état*. Épreuve d'essai avec travaux de pointe sèche non ébarbés dans tout le ciel pour mettre la planche à l'effet du tableau.

4ᵉ *état*. Pointe sèche ébarbée.

5ᵉ *état*. Tirage de *la Gazette*, avec le titre gravé *Lever de lune*. Le nom du journal à gauche et le nom de l'imprimeur Salmon à droite.

LEVER DE LUNE SUR LES BORDS DE L'OISE

— 90 —

Le Titre-frontispice de l'album : *Voyage en bateau*.

H. 0ᵐ,165. L. 0ᵐ,110.

En bas, à gauche : *A. Cadart et F. Chevalier, éditeurs*, et à droite : *Imp. Delâtre, Paris*.

Des grenouilles s'ébattent au milieu des nénuphars, fers-de-lance et autres plantes d'eau; à droite et à gauche s'élancent des roseaux qui encadrent le titre :

*Voyage
en bateau
croquis à l'eau-forte
par
Daubigny
1861*

— 91 —

Le Déjeuné du départ à Asnière (sic).

L. 0ᵐ,155. H. 0ᵐ,105.

Signée à gauche : *Daubigny*.

Cinq canotiers sont réunis autour d'une table sous la tonnelle d'un cabaret. Ils mangent, fument et boivent en

causant, et les bouteilles vides roulent à terre. A droite,
la Seine couverte d'une coquette flottille, où l'on distingue
le *Botin*.

— 92 —

Le Mobilier du bateau.

L. 0^m,160. H. 0^m,102.

Signée à gauche : *Daubigny*.

Un petit garçon tire une petite voiture chargée de matelas, casseroles et autres ustensiles. Quatre enfants se
pressent en la poussant; une jeune mère suit avec deux
enfants sur les bras.

— 93 —

Les Enfants à la voiture.

L. 0^m,162. H. 0^m,105.

Signée à gauche : *Daubigny*.

Pendant que le patron du *Botin* (*sic*) aménage l'intérieur du bateau, les enfants s'en vont avec la voiture;
trois d'entre eux se sont attelés pour la tirer; un autre
pousse, et la mère surveille les deux plus jeunes qu'elle a
assis dans la voiture.

— 94 —

Tirage à la corde.

L. 0m,160. H. 0m,105.

Signée à gauche : *Daubigny.*

Un jeune garçon tire à la corde le bateau, dans la cabane duquel on aperçoit un homme assis et travaillant.

— 95 —

Le Déjeuner dans le bateau.

L. 0m,160. H. 0m,105.

Signée à gauche : *Daubigny.*

A cheval sur une planche en avant de la cabane, le patron et son mousse boivent et mangent de bon appétit. A l'avant du bateau, un moulin à café, la côtelette et le gril tout fumants. Les poissons affriandés veulent prendre leur part de cette fête gastronomique.

— 96 —

L'Apostrophe.

L. 0^m,162. H. 0^m,105.

Signée à gauche : *Daubigny.*

Le patron manœuvre à la rame pendant que le mousse adresse quelques mots bien sentis à d'effrontés polissons.

Cette planche porte encore les traces d'une légende effacée.

— 97 —

La Recherche d'une auberge.

L. 0^m,155. H. 0^m,105.

Signée à gauche : *Daubigny,* et le titre gravé à la pointe.

Par une nuit sombre, un homme portant un falot et suivi d'un petit garçon se dirige vers des maisons que l'on devine sur la droite. A gauche, la cabane du *Botin.*

Les premières épreuves portent la légende suivante gravée à la pointe :

Recherche d'une auberge.

— 98 —

Le Corridor de l'auberge. Effet de nuit.

L. 0^m,130. H. 0^m,095.

Signée à gauche : *Daubigny.*

Le falot, laissé par la fille d'auberge avec son plumeau au bord de l'escalier, permet d'apercevoir les portes des chambres, sur le seuil desquelles les voyageurs ont déposé leurs chaussures.

— 99 —

La Pêche au filet.

L. 0^m,155. H. 0^m,105.

Signée à gauche : *Daubigny.*

Effet de nuit, une lanterne accrochée au *Botin* éclaire le patron, qui tire la corde d'un filet.

— 100 —

La Pêche à la ligne.

L. 0^m,160. H. 0^m,097.

Signée à gauche : *Daubigny.*

Le mousse, la ligne à la main, assis sur le bord du
bateau, renouvelle tranquillement ses approvisionnements,
pendant que son père, sur le rivage, chasse la grosse bête
à coups de fusil. Gibiers et poissons y mettent vraiment
beaucoup de bonne volonté.

— 101 —

Le Bateau-atelier.

L. 0^m,130. H. 0^m,100.

Signée à gauche : *Daubigny.*

Au fond de la cabane du *Botin,* d'où l'œil embrasse le
paysage, Daubigny, à cheval sur un banc, peint la vue du
fleuve et de ses rives sur une toile appuyée contre le cou-
vercle de la boîte à couleurs. Les parois de la cabane sont
garnis, à gauche, de matelas, de bottes d'oignons, parasol,
bouteilles, et, à gauche, de gril, casserole, cafetière, ha-

rengs saurs, pipes, cuillers, toiles ébauchées et un carton avec cette étiquette : *Réalisme*.

Cette petite pièce est la plus remarquable de l'album ; l'effet de lumière en est très-juste.

Il existe quelques très-rares épreuves tirées sur japon qui sont très-prestigieuses.

Un cliché en relief de cette planche a été publié dans le numéro de *la Gazette des Beaux-Arts* du 1ᵉʳ mai 1874. (T. IX, 2ᵉ pér.)

— 102 —

Gare aux vapeurs!

L. 0ᵐ,155. H. 0ᵐ,110.

Signée à gauche : *Daubigny*.

Sur *le Botin* secoué par les vagues, le patron et son mousse font force de rames pour éviter le sillage des bateaux à vapeur qui s'avancent à l'horizon.

Un cliché en relief de ce cuivre a été publié dans le numéro de *la Gazette des Beaux-Arts* du 1ᵉʳ mai 1874. (T. IX, 2ᵉ pér.)

— 103 —

La Nuit en bateau.

L. 0^m,120. H. 0^m,100.

Signée à gauche : *Daubigny*.

Le patron, le mousse et un ami — car on reçoit à
bord — dorment, couchés sur la paille. L'intérieur de la
cabane est éclairé par une lanterne, à la clarté de laquelle
on aperçoit la palette à gauche et la cafetière à droite.

— 104 —

Les Poissons.

L. 0^m,160. H. 0^m,100.

Signée à gauche : *Daubigny*.

Ils se livrent à des frétillements insensés et exécutent
mille sauts de carpe en réjouissance du départ du mousse
qui ravitaillait trop souvent l'équipage aux dépens de la
gent aquatique. Au loin, des bateaux à vapeur et un train
de chemin de fer.

— 105 —

Le Retour.

L. 0^m,160. H. 0^m,105.

Signée à gauche : *Daubigny.*

Le chemin de fer emporte à Paris, par les voies ra-
pides, le patron et le mousse. Ce dernier salue au passage,
par la portière du wagon, *le Botin,* qui clôt modestement
la marche d'un remorqueur.

— 106 —

Le Ru de Valmondois.

H. 0^m,185. L. 0^m,120.

Une femme fait boire ses vaches dans une petite rivière
qui coule au milieu de terrains plantés d'arbres ; petit pont
rustique au second plan et canards traversant l'eau au premier plan.

Cette pièce a été publiée dans le tome IV de *la Vie à
la campagne* (7 vol. in-4°. Ch. Furne) : 1861 à 1869.

1er *état*. Première eau-forte ; épreuves portant seulement le nom de *Daubigny*, gravé à la pointe à gauche.

2e *état*. Travaux dans le groupe des vaches, dans les masses de feuillage. Toute la planche remordue ; le nom et l'adresse de l'imprimeur gravés au bas à droite :

Sarrazin, 3, rue Gît-le-Cœur, Paris.

3e *état*. Tirage de *la Vie à la Campagne*, avec ce titre gravé dans la marge :

Un Ruisseau du Val Mondois.

— 107 —

La Vendange, d'après une étude peinte dans le Morvan.

L. 0^m,340. H. 0^m,190.

Publiée dans l'album de la *Société des aqua-fortistes*, 3e année. Salon de 1865.

Au milieu des vignes, des bœufs se reposent près d'une charrette chargée de tonneaux dans lesquels un vendangeur vide sa hotte. On aperçoit au delà du groupe d'animaux couchés, les têtes de deux chevaux à demi cachés dans une dépression de terrain. Vendangeurs dans la vigne à gauche.

1er *état*. Avant la lettre. Signée à gauche : *Daubigny*, 1865, avec griffonnages dans la marge.

2ᵉ *état*. Tirage de la *Société des aqua-fortistes*, sur papier vergé. La signature à la pointe effacée et remplacée par le nom gravé, le titre : *les Vendanges* et les nom et adresse de Delâtre. (Rue Saint-Jacques, 303.)

3ᵉ *état*. Tirage postérieur sur papier de Chine, sans noms d'éditeurs.

— 108 —

Le Gué.

L. 0ᵐ,340. H. 0ᵐ,250.

Publié dans l'album de la *Société des aqua-fortistes*, nᵒ 201. Salon de 1866.

Un troupeau de bœufs et de vaches conduit par un bouvier passe une rivière à gué à la sortie d'un bois qui projette sur l'eau quelques vigoureux branchages.

1ᵉʳ *état*. Signé à gauche à la pointe : *Daubigny*, 1865.

2ᵉ *état*. Sur papier vergé. Signature effacée et remplacée par le nom gravé : *Daubigny, sculp.*, à droite : *imp. Delâtre, rue Saint-Jacques*, 303, *Paris*, et au milieu le titre : *Le Gué*. Au-dessous : publié par *Cadart et Luquet*, 79, *rue Richelieu*.

3ᵉ *tirage*. Le nom de Delâtre remplacé par *Sarrazin, imp.*, *Paris*, et l'adresse de Cadart enlevée. Papier de Chine.

— 109 —

Le Paysagiste en bateau.

L. 0^m,128. H. 0^m,095.

Pour *le Paysagiste aux Champs*, par F. Henriet. Paris, Achille
Faure, 1866.

Un artiste, assis dans un bateau surmonté d'une cabane, peint à un chevalet dressé devant lui. Dans une
barque plus éloignée, — plaisant contraste! — un homme
pêche à la ligne; un bateau à vapeur fuit à l'horizon avec
son panache de fumée.

Épreuves d'artiste sur Chine volant, et sur Chine collé
avec la signature à la pointe, à gauche : *Daubigny.*

Le tirage pour *le Paysagiste aux champs,* porte le nom
gravé à gauche : *Daubigny, inv. et sc.,* et à droite : *Imp.
Delâtre. Paris.*

Après ce tirage, le ciel a été un peu baissé de ton, ce
qui constitue un deuxième état de la planche.

— 110 —

L'Arbre aux corbeaux.

L. 0^m,275. H. 0^m,180.

Signée et datée à gauche : *Daubigny, 1867.*

Sur un terrain dont la pente s'accuse de gauche à
droite, quelques pommiers bordent un chemin qui fuit à

travers la plaine. Une troupe de corbeaux s'abat sur les
guérets et sur les branches des pommiers.

Première pensée du tableau : *la Neige,* du Salon de
1873.

Un dessin autographique de Daubigny, représentant le
même sujet, image retournée, a paru dans *le Panthéon des
illustrations françaises au* xixe *siècle,* de Victor Frond.
Signé, à droite : *Daubigny, 1867;* imprimé en encre
bistrée.

— III —

Le Verger, pour le livre : *Sonnets et Eaux-fortes.*

Un vol. in-4°. Paris, A. Lemerre, 1869.

H. 0^m,255. L. 0^m,195.

Signé à gauche : *Daubigny, 1868,* et traces d'une première
signature effacée à droite.

Daubigny a pris les éléments de cette composition
dans son tableau *le Printemps,* du Salon de 1868.

Nous ne saurions mieux faire que citer le sonnet de
M. Gabriel Marc. Non-seulement il décrit cette eau-forte
avec autant de justesse que de charme, mais le poëte,
s'inspirant de l'œuvre entier du peintre, évoque, condense
et résume dans son poëme de quatorze vers toutes les
pages exquises où Daubigny a chanté les joies et les
grâces du renouveau :

Un pré vert au printemps; des fleurs et du soleil,
Un verger souriant de sa métamorphose.
Pas d'horizon, mais un fouillis bleuâtre et rose
Semé des diamants de l'aube à son réveil.

Des amandiers couverts d'un blanc duvet pareil
Aux neiges, des pêchers à la fleur demi-close
Se mirant dans le clair ruisseau qui les arrose ;
Et cet ensemble est frais, rayonnant et vermeil.

Regardez : sous le fin brouillard qui s'évapore
Jeunes comme l'espoir, charmants comme l'aurore,
Ravis par le sourire ineffable du mai,

Et par le doux gazon tapissé de pervenches,
Deux amoureux buvant le zéphyr embaumé
Suivent l'étroit sentier qui se perd sous les branches...

1er *état*. Eau-forte pure ; première morsure avant la signature.

2e *état*. Deuxième morsure et quelques reprises de travaux dans le ciel et les arbres. Quelques épreuves de remarque portent des traits de pointe dans la marge inférieure, qui ont été brunis avant le tirage de l'édition.

— 112 —

Les Bergers.

H. 0^m,255. L. 0^m,195.

Signé à droite : *Daubigny, 1874.*

Un homme et une femme assis au bord d'un chemin, sur la lisière d'un bois, s'embrassent pendant qu'une chèvre et deux moutons paissent auprès d'eux. Les derniers rayons du soleil couchant traversent la feuillée.

1er *état*. Eau-forte pure ; planche inachevée destinée à être reprise et mise à l'effet.

— 113 —

Effet de lune sur les bords de l'Oise; eau-forte
exécutée spécialement pour ce volume.
(Avril 1875.)

L. 0^m,150. H. 0^m,095.

CLICHÉS-GLACE

Ces clichés, obtenus par le procédé que nous avons décrit pages 63 et 64, donnent des épreuves enveloppées ou nettes, grasses ou maigres, selon qu'on présente à la lumière le côté enduit et dessiné de la glace ou le côté libre du verre. Dans le premier cas, le trait est baveux et fondu sur ses bords, parce que, entre le dessin et le papier, il y a l'épaisseur du verre qui permet au rayon lumineux de déborder le trait de la pointe. Ces sortes d'épreuves ressemblent à des eaux-fortes dont le cuivre n'aurait pas été ébarbé. Dans le second cas, l'épreuve est nette, parce que le dessin est en contact immédiat avec le papier.

Autre observation. Dans le premier cas, l'épreuve vient dans le même sens que le dessin ; dans le second cas, l'image est renversée.

Nous décrirons pour cette raison les divers sujets de ces pièces sans en indiquer l'orientation, qui varie suivant la façon dont on a opéré. Toute cette série date de l'année 1862.

Le tirage de ces épreuves présente toujours certaines difficultés. Beaucoup ne viennent pas d'une manière satisfaisante. Nous pensons qu'avec les nombreux procédés de reproduction dont on dispose aujourd'hui, il serait facile d'obtenir un report de ces clichés-glace sur pierre ou sur cuivre. Cela permettrait, à la grande satisfaction des amateurs, de faire des tirages réguliers avec des encres d'imprimerie. Il peut y avoir là les éléments d'une publication de haut goût artistique qui ne se bornerait pas aux glaces gravées par Daubigny et pourrait comprendre celles de Corot, Th. Rousseau, Barye, Millet, E. Delacroix, etc., etc. L'idée que nous émettons en ce moment vaut, croyons-nous, la peine que les intéressés s'assurent si elle est praticable, et nous la recommandons à leur attention.

— 114 —

Le Marais aux canards.

L. 0^m,180. H. 0^m,110.

Ils nagent dans les roseaux ou s'envolent au-dessus du marais.

— 115 —

Les Cerfs.

L. 0^m,190. H. 0^m,150.

Ils s'avancent à travers les hautes herbes d'un maré-
cage; l'un d'eux boit sur le bord d'un étang entouré
d'arbres. Le soleil levant fait ruisseler ses rayons à travers
le feuillage et pompe les brumes nacrées qui flottent sur
les eaux.

— 116 —

Sentier dans les blés. Souvenir du tableau *le
Printemps,* du Salon de 1857.

L. 0^m,190. H. 0^m,155.

Une femme à âne débouche d'un sentier. Derrière elle,
un couple villageois s'embrasse; et, plus loin, un chapeau,
placé au bout d'un bâton, émerge du champ de blé et
trahit la présence d'un troisième personnage.

— 117 —

Le Pont. Effet du soir.

L. 0^m,190. H. 0^m,155.

Au pied d'un groupe de peupliers, un homme fait
abreuver ses deux chevaux dans une rivière, à peu de dis-

tance d'un pont. Le soleil, déjà près de l'horizon, éclaire
par-dessous les arches du pont.

— 118 —

Le Ruisseau dans la clairière.

L. o^m,190. H. o^m,155.

Signé : *Daubigny.*

Le ciel, où brillent encore les feux du couchant, jette
une dernière lueur dans un petit vallon solitaire situé au
milieu des bois. Un ruisseau coule dans le gazon.

— 119 —

Le Grand parc à moutons, d'après le tableau du
Salon de 1861, et première pensée de l'eau-
forte. N° 86 du prés. cat.

L. o^m,350. H. o^m,185.

Signé en grosses lettres dans les terrains : *Daubigny.*

— 120 —

Le Gué. Première pensée de l'eau-forte. N° 107
du cat.

L. o^m,350. H. o^m,275.

— 121 —

La Rentrée du troupeau.

H. o^m,340. L. o^m,270.

Les moutons, suivis du berger, s'avancent sur un chemin bordé, d'un côté, de peupliers, et de l'autre, d'une futaie dépouillée.
Signée dans les terrains.

— 122 —

La Gardeuse de chèvres.

H. o^m,340. L. o^m,270.

Assise au pied d'un arbre, sous une futaie au jet élégant, elle garde ses chèvres et ses moutons disséminés sur des terrains rocheux que traverse une petite rivière.

— 123 —

La Fenaison.

L. o^m,340. H. o^m,215.

Signée.

Un faucheur, dans un pré, interrompt un moment son travail pour aiguiser sa faux. Un second, assis à terre, remet son outil en état. Près de la lisière d'un bois, d'autres faucheurs coupent le foin. Ciel très-lumineux.

Cette composition a été dessinée sur bois pour *le Monde illustré*.

Ce bois, qui, croyons-nous, n'a pas été gravé, appartient aujourd'hui à **M. Ch. Yriarte**.

— 124 —

L'Ane au pré.

L. 0^m,190. H 0^m,150.

Signée.

Il est attaché à un morceau de bois qui traîne à terre et regarde avec convoitise des touffes de chardons. Derrière lui, près d'un petit pont rustique jeté sur un ruisseau, on aperçoit une vache et deux femmes ; au fond, bois taillis aux bourgeons à peine formés, et dans le ciel volée de passereaux, oiseaux précurseurs du printemps.

— 125 —

Effet de nuit.

L. 0^m,190. H. 0^m,150.

La lune se lève à l'horizon et se reflète dans un large fleuve, où se balancent quelques barques amarrées à la rive. Quelques arbres sveltes se devinent à travers les ombres de la nuit.

— 126 —

Le Bouquet d'aunes.

L. 0^m,190. H. 0^m,150.

Il projette élégamment au-dessus de l'eau son branchage léger. Quelques bateaux animent le fleuve et l'on devine au loin la silhouette d'un pays.

— 127 —

Vaches à l'abreuvoir.

L. 0^m,190. H. 0^m,150.

Signée.

Des vaches descendent une berge qui fait face au spectateur et viennent boire à une rivière qui occupe le premier plan. Ciel lumineux ; effet du soir, exécuté sur verre avec le pinceau.

— 128 —

La Machine hydraulique.

L. 0^m,350. H. 0^m,215.

Signée.

Un groupe d'arbres d'un grand style s'élance près d'une rivière, où l'on aperçoit la roue et la cheminée d'une machine hydraulique. Des vaches descendent à l'eau à travers des terrains d'un beau caractère.

Composition dans le goût de Claude Lorrain. Première pensée de l'eau-forte, n° 76.

Cette composition a été dessinée sur bois par Daubigny pour *le Monde illustré*. M. Ch. Yriarte, alors chargé de la direction artistique du journal, a conservé le bois original; et la planche publiée dans le n° 600, t. XXIII, a été gravée par M. Étienne au moyen d'un report photographique sur un autre bois.

— 129 —

Les Saules étêtés. Souvenir de Bezons.

L. 0ᵐ,350. H. 0ᵐ,215.

Ils hérissent un marais de leurs troncs noueux. Au fond, un village surmonté d'un clocher.

— 130 —

Vaches sous bois.

L. 0ᵐ,190. H. 0ᵐ,160.

Elles boivent à une mare; effet du soir.

LISTE

DES OUVRAGES EXPOSÉS PAR DAUBIGNY

AUX SALONS OFFICIELS

Avec l'indication des reproductions qui en ont été faites par la gravure,
la lithographie, etc.

SALON DE 1838

Daubigny (Charles), 22, rue des Amandiers-Popincourt.

— 398 —

Vue de Notre-Dame de Paris et de l'île Saint-Louis.

Gravée à l'eau-forte par Daubigny. N° 4 du cat.

SALON DE 1840

Daubigny (Charles-François), 22, rue de la Cerisaie.

— 365 —

Saint-Jérôme ; paysage.

Gravé à l'eau-forte par Daubigny, pour le journal
l'Artiste. N° 10 du cat.

— 366 —

Vue prise dans la vallée d'Oisans (Isère).

SALON DE 1841

(Même adresse.)

— 460 —

Vue prise sur les bords du Furon, près de Sasse-
nage (Isère).

Gravé à l'eau-forte par Daubigny. N° 6 du présent
cat.

— 2172 —

Un Cadre de six eaux-fortes.

SALON DE 1843

Daubigny (Charles-François), 27, quai Bourbon.

— 307 —

Vue prise aux environs de Choisy-le-Roy.

Gravée à l'eau-forte par Daubigny, pour *l'Artiste.*
N° 22 du prés. cat.

SALON DE 1844

Daubigny (Charles-François), 13, quai d'Anjou.

— 445 —

Le Carrefour du Nid de l'Aigle (forêt de Fontainebleau.)

Gravé à l'eau-forte par Daubigny, pour *l'Artiste.*
N° 43 du cat.

SALON DE 1845

Daubigny (Charles-François), 27, quai Bourbon.

— 2249 —

Un Cadre de six eaux-fortes.

SALON DE 1847

Daubigny (Charles-François), 33, quai Bourbon

— 418 —

Vue prise en Picardie.

— 419 —

Vue prise au bord du ru de Valmondois.

— 420 —

Chaumière en Picardie.

SALON DE 1848

Deuxième médaille.

(Même adresse.)

— 1082 —

Les Souches; vue prise dans le Morvan.

— 1083 —

Un Champ de blé.

— 1084 —

Les Bords du Cousin, près d'Avallon.

— 1085 —

Vue prise aux environs de Château-Chinon.

— 1086 —

Deux Paysages; études d'après nature.

SALON DE 1849

(Même adresse.)

— 481 —

Vue prise à Champlay.

— 482 —

Vue prise sur les bords de la Seine.

Musée de Limoges.

— 483 —

Soleil couché.

SALON DE 1850-1851

(72, quai des Ormes.)

— 719 —

La Mouche, petite rivière près du Rhône.

— 720 —

Vue prise à Optevoz.

— 721 —

Les Iles vierges à Bezons.

Musée d'Avignon.

— 722 —

Vue prise près d'Argenteuil.

— 723 —

La Péniche sur la rivière de l'Oise.

— 724 —

La Vendange ; effet du matin.

— 725 —

*Les Laveuses de la rivière d'Oullins, département
du Rhône.*

Musée de Carcassonne.

Dessiné sur bois par Daubigny et gravé par Best, Hotelin, Regner, pour *le Magasin pittoresque ;* vol. XIX,
p. 24.

LA MOISSON

SALON DE 1852

Daubigny (Charles-François), élève de Paul Delaroche et de Daubigny père,
quai Bourbon, 19.

— 309 —

Moisson.

Tableau acquis le 15 février 1853 et placé actuellement au ministère de la justice.

Gravé à l'eau-forte par *Karl Daubigny*, avec la signature *Daubigny fils, 1862, sculp.*

— 310 —

Vue prise sur les bords de la Seine, à Bezons.

Musée de Nantes.

SALON DE 1853

Daubigny (Charles-François), quai d'Anjou, 29.
Médaille de première classe.

— 328 —

L'Étang de Gylieu, près Optevoz (Isère).

Acheté par l'empereur.

Dessiné sur bois par Daubigny, pour *l'Illustration.*

Lithographié par M. Émile Vernier, d'après une répétition du tableau de 1853, appartenant à **M. Claudon.**

— 329 —

Le Petit vallon d'Optevoz.

Appartient à M. Gilet.

— 330 —

Entrée de village.

Appartient à M. Gilet.

EXPOSITION UNIVERSELLE DE 1855

Daubigny (Charles-François), quai d'Anjou, 13.

Medaille de troisième classe.

— 2841 —

Bords du ru, à Orgivaux (Seine-et-Oise).

— 2842 —

Prés à Valmondois.

Appartient à M. Gustave Claudon.

— 2843 —

Mare au bord de la mer.

— 2844 —

Écluse dans la vallée d'Opteroz.

> Musée du Luxembourg.
> Dessiné sur bois par Daubigny et gravé par Peulot.
> (Nous donnons, page 31, ce remarquable dessin inédit.)
> Gravé par Karl Daubigny, avec la signature : *Daubigny fils, 1861, sculp*.
> Ce tableau a été réexposé au concours universel de 1867.

SALON DE 1857

— 688 —

Le Printemps.

> Musée du Luxembourg.
> Gravé par Daubigny. (N° 81 du prés. cat.)

— 689 —

La Vallée d'Optevoz.

Acheté par l'empereur.

Dessiné sur bois par Daubigny et gravé par **M. Gé-
rard**, pour *le Musée des Familles*. (T. XXIV.)

Lithographié par **M. Appian.**

Gravé à l'eau-forte par **M. Martial** dans *Paris en 1867.*
Cadart, éditeur.

— 690 —

Soleil couché.

Gravé à l'eau-forte par **M. J. Veyrassat**, pour le
journal *l'Artiste*, numéro du 27 juin 1858.

Ces trois tableaux ont été réexposés à l'Exposition
universelle de 1867.

— 691 —

Futaie de peupliers.

Ce tableau a été détruit par l'auteur.

SECTION DE GRAVURE.

— 3174 —

Un Cadre de divers sujets à l'eau-forte.

— 3175 —

Le Buisson; d'après le tableau de Ruysdaël, du musée du Louvre.

Chalcographie du musée du Louvre. N° 73 du présent catalogue.

SALON DE 1859

Rappel de médaille de première classe.

Chevalier de la Légion d'honneur le 15 juillet 1859.

(Même adresse.)

— 766 —

Les Graves au bord de la mer, à Villerville (Calvados).

Musée de Marseille.

Dessiné sur bois par M. Eugène Lavieille, pour *le Magasin pittoresque,* année 1859, p. 172.

Dessiné sur bois par Daubigny et gravé par M. Fessard, pour *l'Illustration*. (T. XXXIII, p. 277.)

Un cliché de ce bois a été publié par *la Gazette des Beaux-Arts*, avec notre étude sur Daubigny. (N° du 1er avril 1874.)

Lithographié par M. Émile Vernier.

— 767 —

Les Bords de l'Oise.

Acquis en 1843 de M. Nadar par le musée de Bordeaux.

Dessiné sur bois par Daubigny et gravé par M. Peulot, pour *le Monde illustré* (4 juin 1859).

Lithographié par M. Émile Vernier, et par M. A. Gautier.

Ce tableau et le précédent ont été réexposés au concours universel de 1867.

— 768 —

Soleil couchant.

Un paysan fait boire son âne.

Gravé à l'eau-forte par Daubigny. N° 84 du prés. cat. et publié par *la Gazette des Beaux-Arts*, première année; 1865.

— 769 —

La Rentrée du berger ; effet de clair de lune.

Musée de Boston.

— 770 —

Les Champs au printemps.

SALON DE 1861

(Même adresse.)

— 791 —

Parc à moutons, le matin.

Gravé à l'eau-forte par Daubigny.
N° 86 du prés. cat.
Dessiné sur bois par Daubigny et gravé par M. Peulot ;
publié par *le Monde illustré* (14 mars 1863).

— 792 —

L'Ile de Vaux, à Auvers (Seine-et-Oise).

Dessiné sur bois par M. Karl Daubigny et gravé par
M. Yon, pour *l'Illustration*, année 1861.
Ce tableau a été détruit par Daubigny.

— 793 —

Village près Bonnières.

Réexposé à l'Exposition universelle de 1867.

Dessiné sur bois par Daubigny et gravé par M. Peulot, pour *le Monde illustré* (26 juillet 1862).

Autre dessin sur bois gravé par M. H. Linton, pour *les Artistes au* XIXe *siècle*, par Castagnary. Paris, Librairie-Nouvelle, 1861.

Gravé à l'eau-forte par M. Karl Daubigny, avec la signature : *Daubigny fils, 1862, sculp.*

Une répétition de ce tableau, appartenant à M. G. Claudon, et exécutée d'après nature avec variantes dans le point de vue, l'effet et les épisodes un bac passant la rivière y remplace l'homme qui mène son cheval à l'abreuvoir, a été lithographiée par M. Émile Vernier, avec ce titre : *le Village de Glouton, près Bonnières.*

— 794 —

Lever de lune.

Gravé à l'eau-forte par Daubigny. N° 89 du prés. cat., pour *la Gazette des Beaux-Arts*. Lithographié par M. Émile Vernier.

— 795 —

Les Bords de l'Oise.

3me eau forte de Daubigny

— 3698 —

Le Coup de soleil; d'après le tableau de Ruysdaël, du musée du Louvre.

> Gravure à l'eau-forte exécutée pour la chalcographie
du Louvre.
> N° 79 du prés. cat.

SALON DE 1863

(Même adresse.)

— 511 —

La Vendange.

— 512 —

Matin sur les bords de l'Oise.

> Musée de Lille.

— 513 —

Paysage sur les bords de l'Oise.

> Appartient à M. Périer, ancien député de la Marne,
ancien maire d'Épernay.

A la section des ouvrages exécutés dans les monuments publics.

Palais du Louvre, salon d'introduction du ministère d'État. Deux panneaux décoratifs : *Cerfs et hérons.*

Palais du Louvre, escalier du ministère d'État. Deux panneaux décoratifs : *Le pavillon de Flore; Le palais et le jardin des Tuileries.*

Les deux premiers ont été dessinés sur bois par Daubigny et gravés par Peulot, pour *le Monde illustré,* numéro du 9 janvier 1864.

Un cliché de ces deux bois a été publié dans *la Gazette des Beaux-Arts.* (T. IX, 2ᵉ pér.)

SALON DE 1864

(Même adresse.)

— 503 —

Villerville-sur-Mer.

Appartient à Mᵐᵉ Daubigny.

Dessiné par Daubigny et gravé par M. Alex. Pothey, pour *l'Autographe,* au Salon de 1864.

Lithographié par M. Émile Vernier (0ᵐ,282 de long sur 0ᵐ,140 de haut), pour l'album Goupil, 1871.

Lithographié une seconde fois par M. Émile Vernier, pour l'album : *Étrennes rares,* publié en 1872 par Mᵐᵉ Lejeune, éditeur, rue Condorcet.

— 504 —

Les Bords de la Cure (Morvan); effet d'automne.

Appartient à M. Marmontel.
Lithographié par M. Émile Vernier (image retournée)
Dessiné sur bois par Daubigny et gravé par M. Étienne,
pour *le Monde illustré*. (T. XX, n° 528.)

SALON DE 1865

(Même adresse.)

— 570 —

Le Parc et le Château de Saint-Cloud.

Commandé par le ministère de la maison de l'empereur
et des beaux-arts.
Dessiné sur bois par Daubigny et gravé par M. Peulot,
pour *le Monde illustré*, n° du 9 septembre 1865.

— 571 —

Effet de lune.

Deux femmes, suivies d'un chien et tenant, l'une un
falot, l'autre un agneau, sortent d'un parc à moutons et se
dirigent vers une chaumière au toit fumant.

Appartient à M. Wals.

Dessiné sur bois par Daubigny et gravé par M. Peulot, pour *le Monde illustré*, n° du 29 avril 1865.

Croquis sur bois par Daubigny, gravé par Boëtzel, pour *l'Album Boëtzel*, et reproduit dans *la Gazette des Beaux-Arts*, t. XIX, p. 19.

Dessiné par Daubigny pour *l'Autographe au Salon de 1865*.

SECTION DE GRAVURE.

— 3270 —

Un Parc à moutons.

N° 86 du prés. cat.

— 3271 —

Une Vendange; souvenir du Morvan.

N° 106 du prés. cat.

SALON DE 1866

(Même adresse.)

— 496 —

Effet de matin sur l'Oise.

Musée de Rouen.

— 497 —

Les Bords de l'Oise, près de la Bonneville.

Appartient à lady Hasburton.

Gravé à l'eau-forte par M. Martial, dans le Salon de
1866; Cadart, éditeur.

Ce tableau, envoyé à l'issue du Salon à l'exposition de
Bruxelles, a valu à Daubigny la croix de chevalier de
l'ordre de Léopold.

— 3122 —

Le Gué; eau-forte.

N° 107 du prés. cat.

Dessiné sur bois par Daubigny et gravé par
M. Étienne, pour *le Monde illustré,* t. XVII, n° 434.

SALON DE 1867

(Même adresse.)

— 413 —

Un Soir à Andresy (bords de la Seine).

Appartient à M. Coing.

Dessiné par Daubigny pour *l'Autographe au Salon de 1867*.

Outre les tableaux que nous avons signalés comme ayant figuré au concours universel de 1867, cette vaste et mémorable exhibition, où Daubigny obtint une première médaille, comptait une œuvre inédite :

Le Hameau d'Optevoz, appartenant à M. Claudon. Ce tableau a été lithographié par M. Émile Vernier.

SALON DE 1868

(Même adresse.)

— 653 —

Le Printemps.

Dessiné par M. Lancelot et gravé par le procédé Comte, pour *l'Illustration*, n° 1319, 6 juin 1868.

Un cliché de ce bois a été publié dans *la Gazette des Beaux-Arts*, n° du 1ᵉʳ avril 1874.

— 654 —

Lever de lune.

Au premier plan, des vaches conduites par un pâtre.

A figuré à l'Exposition universelle de Vienne en 1872.

Appartient à M. Sedelmeyer.

Dessiné par Daubigny, pour *l'Autographe au Salon de 1868*.

SALON DE 1869

73, rue d'Amsterdam.

— 627 —

Une Mare dans le Morvan.

> Appartient à M. Évrard.
> Dessiné sur bois par Daubigny et gravé par M. Boëtzel, pour *l'Album Boëtzel*, du Salon de 1869.
> Lithographié par M. Émile Vernier (image retournée).

— 628 —

Un Verger.

> Appartient à M. Th. Claudon.

SALON DE 1870

44, rue Notre-Dame-de-Lorette.

— 724 —

Le Pré des Graves, à Villerville.

> Dessiné sur bois par Daubigny et gravé par M. Boëtzel, pour *l'Album* du Salon de 1870, publié par M. Boëtzel.

Autre dessin sur bois par Pirodon, gravé par M. Alex. Pothey.

Dessiné sur bois par Daubigny et gravé par le procédé Comte, pour *l'Illustration*.

— 725 —

Un Sentier, fin du mois de mai.

Appartient à M. Durand-Ruel.

Lithographié par M. Émile Vernier, sous le titre : *le Printemps*.

SALON DE 1872

(Même adresse.)

— 436 —

Le Tonnelier.

Dessiné sur bois par Daubigny et gravé par M. Peulot, pour *le Monde illustré*, qui ne l'a pas encore publié.

— 437 —

Moulins à Dordrecht (Hollande).

SALON DE 1873

(Même adresse.)

— 414 —

Plage de Villerville-sur-Mer, au soleil couchant.

— 415 —

La Neige.

> Appartient à M. Breysse.
> Dessiné sur bois par M. Ed. Yon et gravé par M. Jules Langeval.

SALON DE 1874.

(Même adresse.)

— 522 —

Les Champs au mois de juin (dit le Champ de coquelicots).

> Dessiné et gravé par M. Yon dans *l'Illustration*, nº du 20 juin 1874.

— 523 —

La Maison de la Mère Bazot, *à Valmondois;* effet de soleil couchant.

ESSAI

DE BIBLIOGRAPHIE

DES OUVRAGES

AUXQUELS DAUBIGNY A COLLABORÉ

COMME DESSINATEUR SUR BOIS

Les Aventures de Télémaque, suivies des *Aventures d'Aristonoüs.*

Édition illustrée par MM. Tony Johannot, Émile Signol, G. Seguin, E. Vattier, Daubigny, Français et Marville.

Paris, Bourdin (Ernest), sans date (1840?).

Têtes de chapitres par Daubigny à partir du livre V jusqu'au livre XXIV inclusivement; plus deux dessins pour *les Aventures d'Aristonoüs,* et un grand bois gravé par Quartley (p. 336), représentant *l'Entretien de Télémaque avec le père de Laërte,* dans des bocages rafraîchis par l'onde pure de petits ruisseaux.

Magasin pittoresque.

> 1851, p. 24.
> Dessin d'après Rousseau. 1851, p. 12.
> Dessin d'après Troyon, p. 19.

Funérailles de l'empereur Napoléon.

> Paris, Curmer, éditeur, 1840.

Dessins de Daubigny, gravés par Lacoste père et fils.

Les Évangiles, illustrés par Steinheil, Daubigny, etc.

> Paris, Lavoignat, éditeur, 1840 ?

> *Fuite en Égypte.* (H. Lavoignat, sc.)
> *Jésus au jardin des Oliviers.* (H. Lavoignat, sc.)
> *Jésus apaisant la tempête.* (H. Lavoignat, sc.)
> *La Pêche miraculeuse.* (H. Lavoignat, sc.)
> *L'Enfant prodigue gardant les pourceaux.*
> *Le Baptême de Jésus-Christ.*
> *La Multiplication des pains.*

La Grande Ville, par Paul de Kock, H. de Balzac (monographie de la presse), Henry
Monnier. 2 vol.

> Paris, Baudry, éditeur, 1842-1843.

Quatre grands bois hors texte gravés par Andrew,
Best, Leloir :

Le Boulevard du Crime.
La Rotonde du Temple.
Le Marché des Innocents.
L'Intérieur de la Chambre des députés.

M. Geoffroy-Dechaume possède le dessin d'après nature qui a servi à l'exécution de ce bois.

Quelques vignettes dans le texte :

Le Palais des Singes, le Labyrinthe du Jardin des Plantes, etc.

Les Français peints par eux-mêmes.

Paris, Curmer. 1843.

Tête de chapitre de *la Femme sans nom* (Quartley, sc.). t. Ier, p. 245.

Les Français peints par eux-mêmes.

Province.

Vue de la Chartreuse (Best jeune, sc.), t. Ier, 1841, p. 153.

Tête de lettre : *Cellule de chartreux.* (Best jeune, sc.)

La Porte de l'œillette (Slypulkowsky, sc.), p. 157.

La Source de Saint-Bruno (Loiseau jeune, sc.), p. 161.

Plaines de Karnack (Harrisson, sc.), t. III, 1842, p. 1 ; pour le *Breton.*

Vue de Grenoble (Slypulkowsky, sc.), p. 121.

Tête de lettre : *Une Rue dans un village du Dauphiné.* (Slypulkowsky, sc.)

Vue de Pondichéry (Harrisson, sc.), p. 330.

Paysage, répétition de la petite eau-forte : *Comment*

naissent les villes (Harrisson, sc.), pour le chapitre : *le Picard*.

Publié également dans *les Beaux-Arts*.

Paysage d'hiver en Sologne. (Piaud, sc.)

Les Beaux-Arts.

Premier volume publié par Curmer, 1843.

Paysage gravé par Harrisson, p. 238.

C'est une réduction de la petite eau-forte : *Comment
naissent les villes*.

Cette vignette sert de tête de page pour une nouvelle
d'Eugène de Sizerac : *le Champ de bluets*. Le petit ménétrier qui précède la noce a été supprimé.

L'Hiver, effet du soir (Piaud, sc.), p. 247.

La Trappe, p. 252. (Best jeune, sc.)

Vue du mont Dore (Slypulkowsky, sc.), p. 307.

Publiée également dans *les Français peints par eux-
mêmes; province*.

Vue du fort de Joux (Orris Smitts, sc.), p. 319; a reparu dans *les Français; province*.

Pont sur le flanc d'un ravin (Slypulkowsky, sc.), p. 322.

Publié aussi dans *les Français* sous le titre : *la Porte
de l'œillette*.

Répétition du bois de *la Trappe* sous le titre différent :
Église de village, p. 358.

Le Vaisseau, gravé par Lacoste, p. 367.

Album-Revue de l'industrie parisienne.

H.-L. Delloye, éditeur; librairie Garnier, 1844.

Première livraison illustrée par Daubigny, Steinheil, H. Emy, Éd. de Beaumont, Cél. Nanteuil, Pauquet.

Cette livraison compte six dessins de Daubigny :

1. *L'Intérieur du magasin de nouveautés de* la Ville de Paris.

2. *Le Magasin de Devismes, arquebusier sur le boulevard, au coin de la rue du Helder.*

3. *Intérieur d'un tir à la carabine.*

4. *Le Cabinet* Renaissance *de la maison Susse frères.*

5. *L'Intérieur de la cour de l'hôtel des Princes, rue* Richelieu, 109.

6. *Le Salon de la maison Pleyel et* Cⁱᵉ, *rue Rochechouart.*

Notre-Dame de Paris, par Victor Hugo, illustrée par É. de Beaumont, de Lemud, d'Aubigny (*sic*), Steinheil, etc.

Perrotin, éditeur, 1844.

Des gravures sur acier exécutées d'après Daubigny :

La Cour du Palais de Justice. (Outhwaite, sc.)

Esmeralda devant Notre-Dame. (Thomas, sc.)

La Pointe de la Cité. (Brugniot, sc.)

Intérieur de Notre-Dame. (Bernard, sc.)

DESSINS SUR BOIS.

Frontispice du livre III (Dujardin, sc.), p. 100.

L'Escalier des tours Notre-Dame (Piaud, sc.), p. 263.

Chambre d'Esmeralda (Piaud, sc.), p. 288.

La Chambre de la question (Piaud, sc.), p. 302.

Le Cachot d'Esmeralda (Rouget, sc.), p. 318.

Le Sommet de la tour Notre-Dame; clair de lune (Adèle Laisné, sc.), p. 337.

Le Moulin à vent et les Poules (Rouget, sc.), p. 348.

La Cathédrale vue de la galerie de la tour (Dujardin, sc.), p. 352.

Nid d'hirondelles; cul-de-lampe (Laisné, sc.), p. 368.

Sculptures étrusques, p. 372.

Vue de la Bastille au clair de lune (Rouget, sc.), p. 412.

La Croix de pierre de la place Baudoyer.

Le Gibet de Montfaucon. (Laisné, sc.)

La Cellule d'Esmeralda, p. 444.

Le Chevet de l'église Notre-Dame (Laisné, sc.), p. 446.

Le Sommet des tours Notre-Dame (Rouget, sc.), p. 481.

Les mystères de Paris, par Eugène Sue; édition illustrée par J. Staal, Trimolet, Daumier, Daubigny, Eustache, Lorsay, etc.

Paris, H.-L. Delloye, 1843.

La rue aux Fèves dans la cité.

Un coupe-gorge dans la cité, la nuit.

La plaine Saint-Denis.

Deux vues de l'Ile-Adam.
Le cabaret du Cœur-Saignant.
La ferme et le hameau de Bouqueval.
Paysage des environs d'Écouen.
Le départ du chourineur pour l'Algérie.
L'Ile d'Asnières.
La prison de la Force.

Toutes ces vignettes ont été gravées par M. H. Lavoignat.

Le Diable à Paris.

Hetzel, éditeur, 1844.

Vue du Boulevard Italien : le Café de Paris.
La Librairie Hetzel et la Maison du Persan, rue
Richelieu.
L'École de natation.
Le Bouquet du feu d'artifice tiré sur le pont de la
Concorde.
Paris la nuit (quatorze petits dessins).

La plupart de ces bois ont été gravés par la maison
Best, Hotelin et Regnier.

Quatre Dessins sur bois, gravés pour les pro-
spectus-spécimens de la maison Lorilleux,
fabricants d'encres typographiques, rue Su-
ger. (Vers 1844.)

Vue de Gênes.
Le Port de Gênes.

La Rivière de Gênes.
Vue de Venise.

Mes Prisons, par Silvio Pellico. Édition illustrée par G. Seguin, Daubigny, etc.

Paris, Delloye, 1844.

Quelques culs-de-lampe ou têtes de page de médiocre intérêt.

La Normandie, par Jules Janin, illustrée par MM. H. Bellangé, Morel-Fatio, Ed. Frère, Daubigny, etc. 1 vol. grand in-8°.

Paris, Bourdin (Ernest), sans date, vers 1843.

Les monuments de la Normandie, tête de page. (Harrisson, sc.)
Ruines du château de Robert le Diable. (Rouget, sc.)
Vue intérieure de la cathédrale de Rouen. (Harrisson, sc.)
Tombeaux de Louis de Brézé et du cardinal d'Amboise. (Quartley, sc.)
L'Abbaye de Saint-Ouen. (Sans nom d'auteur.)
Intérieur de Saint-Ouen. (Harrisson, sc.)
Types de Normandes; tête de chapitre. (Harrisson, sc.)
Buveurs de cidre sous une tonnelle. (Harrisson, sc.)
La Gare Saint-Lazare. (Harrisson, sc.)
Cérémonies de l'inauguration du Chemin de fer à Rouen; deux dessins. (Harrisson sc.)
La Fontaine de la grosse Horloge. (Piaud.)
L'Hôtel Bourgtheroulde. (Harrisson, sc.)

La Fontaine de la Croix de pierre. (Guillaumot, sc.)
Le Palais de justice. (Sans nom de graveur.)
Le Beffroi d'Évreux. (Guillaumot.)
Le Chêne d'Allouville. (Guillaumot.)
Les Ruines du Château de Gaillon. (Timms.)
La Maison des Templiers à Louviers. (Quartley, sc.)

La Bretagne, par J. Janin, illustrée par J. Noël, Gigoux, Gudin, Isabey, Daubigny, Rouargue, Bellangé, etc.

Paris, Bourdin (Ernest), vers 1844.

Deux ou trois vignettes seulement.

Itinéraire du chemin de fer de Paris à Rouen.

Hachette, 1846.

Une grande partie des bois publiés dans *La Norman-
die,* ont reparu dans ce guide où l'on trouve en outre quelques vignettes inédites.

Voyage de Rouen au Havre par le chemin de fer.

Seize dessins gravés par Quartley, Trichon, Rouget.

Entretiens de village, par Cormenin; édition illustrée de quarante dessins sur bois par Daubigny.

Paris, Pagnerre, 1847.

Histoire de la Révolution de 1848.

Paris, Giraldon, éditeur.

L'Eté à Bade, par Eug. Guinot, illustré par Tony Johannot, Eug. Lami, Français et Jacquemot, etc.

Paris, Bourdin (Ernest), éditeur; sans date.
2ᵉ édition, avec préface de Jules Janin. Paris, Furne.

Têtes de pages et culs-de-lampe par Daubigny, généralement gravés par Quartley ou Rouget.

Vue de Bade.
La Diligence devant l'hôtel d'Angleterre, p. 8.
Vue du château d'Eberstein, p. 62.
L'Intérieur du vieux château, p. 64.
Le Nouveau château, p. 65.
La Salle des chevaliers, p. 69
La Chapelle de Klingel, p. 72.
Château de Windeck, p. 81.
Monument de Turenne à Sasbach. (Rouget, sc.)
Chemin de fer badois, p. 151.
La Galerie des eaux (Rouget, sc.)
La Maison de chasse.
La Villa Benazet.
Ruines du temple de Mercure.
Parc du palais de Manheim

Itinéraire de Paris à Bruxelles, par Eug. Guinot.

Hachette, 1853.

Cinquante-cinq vignettes par Daubigny, gravées par Quartley, Timms, Etherington, Trichon.

Itinéraire de Paris à Boulogne, à Calais et à Dunkerque, par Eug. Guinot.

Hachette, 1855

Divers dessins déjà publiés dans le guide précédent et six dessins nouveaux.

Itinéraire d'Orléans à Nantes.

Hachette, 1854.

Vingt dessins gravés par Sotain et Etherington.
Vues de Blois et du château de Chambord.
Chenonceaux, Embarcadères de Tours, Tour Saint-Martin, Palais de justice.
Saumur, Angers, Nantes.

Guide du voyageur à Londres.

Bourdin (Ernest), éditeur.

Les Fables de Lachambeaudie, édition illustrée
par G. Seguin, C. Nanteuil, Staal, Daubigny.

Paris, Michel, 1851.
Édition postérieure; Bry, 1853.

Deux eaux-fortes classées à notre catalogue et six des-
sins sur bois pour les fables ci-après :
La Conque et l'Enfant.
Ésope et le Laboureur.
La Grenouille et l'Écarlate
La Vigne et l'Ormeau.
La Tache enlevée.
La Vapeur.

Voyage autour de mon jardin, par Alphonse
Karr, illustré par Meissonier, Gavarni, Daubigny (figures noires et coloriées).

Paris, Curmer, 1851.

Les Hôtels historiques de Paris, par Georges
Bonnefons ; édition illustrée par C. Nanteuil, Bertall, Daubigny.

Paris, Victor Lecou, 1852

Ange Pitou, par Alexandre Dumas, illustré par
Philippoteaux, Eust. Lorsay, Daubigny.

Paris, Dufour, 1850-53.

Bois hors texte.
Tome Ier : *Pitou à la marelle.* (W. Meason, sc.)
Bellot et Pitou sur Margot. (Pisan, sc.)
Pitou chassé par sa tante. (W. Meason, sc.)
Tome II : *La Tante de la mère Pitou.* (Sans nom de
graveur.)
Pitou apprenant l'exercice. (Pisan, sc.)

Joseph Balsamo (4 vol., même collection).

Le Château de Marly. (W. Meason, sc.)
La Chaumière de Madeleine Pitou. (W. Meason, sc.)
Le Mont Tonnerre. (Trichon, sc.)
La Diligence surprise par l'orage. (Trichon, sc.)
Le Château de Taverney. (Trichon, sc.)
Le Petit Trianon. (Belland, sc.)
Les Herborisateurs. (W. Meason, sc.)
Versailles sous Louis XV. (W. Meason, sc.)

Le Collier de la reine (2 vol., même collection).

L'Ile Saint-Denis. (W. Meason, sc.)
Les Patineurs sur la pièce d'eau des Suisses.
(W. Meason, sc.)

La Comtesse de Charny (2 vol., même collection).

> Tome Ier : *Ange Pitou en voyage.* (Pisan, sc.)
> *L'Affût.* (Pisan, sc.)
> *La Ferme de Pisseleux.* (Rouget, sc.)

L'Écho des Feuilletons.

> Publication fondée par Dufour vers 1840. Legrand, Pomey, etc., éditeurs.

Daubigny a dessiné sur bois diverses compositions qui ont servi de frontispice à plusieurs volumes de la collection, un entre autres pour le volume de la septiéme année et deux autres pour des volumes suivants : *le Nid* et *le Berger joueur de cornemuse.*

Les Voyages en zig-zag, par Topffer, dessins de Karl Girardet, Français et Daubigny.

> Paris, Garnier, 1858.

Bois hors texte dessinés par Daubigny, d'après Topffer ou Calame, et quelques vignettes formant têtes de page composées et dessinées par Daubigny.

Voici les principaux sujets :

> *Vallée et Château de Misocco.* (Laisné, sc.)
> *La Mer de glace.*

Montée de la Gemmi.

Verreze (val d'Aoste).

Brunig (vallée de Mayringen); tête de page gravée par
Rouget.

Le Journal pour tous.

Paris, Ch. Lahure, 1855

1re année. *Le Château de Saint-Cloud.* (Monard, sc.)

2e année. N° 60 : *La Pêche du corail.* (Trichon, sc.)

N° 69 : *Lyon au XVIe siècle.* (Trichon, sc.)

N° 86 : *La Passée des canards.* (Trichon, sc.)

N° 96 : *Les Habitations des Chinois.* (Trichon, sc.)

N°s 107, 108, 119 : Plusieurs dessins gravés par Trichon pour un roman de Saintine : *les Aventures d'un mi-
santhrope;* forêts vierges et paysages exotiques; dessins
pour des souvenirs de voyage par *Soldi.*

3e année. N° 115 : *Vue du château de Fontainebleau.*
(Trichon, sc.)

N° 118 : *La Pêche à la sardine.* (Trichon, sc.)

N° 125 : *Les Bords du Mississipi.* (Trichon, sc.)

N°s 134, 135, 136 : *Une Vue des bords du Danube,
Une Habitation de Tsiganes* et *Un Convoi de marchandises,*
gravés par Trichon pour *les Principautés danubiennes,*
par H. Castille.

N° 139 : *Deux Vues de Calcutta* (Trichon, sc.), pour
des souvenirs d'*Un Voyage dans l'Inde,* par Alfred de
Bréhat.

N° 142 : *La Manufacture de Sèvres.* (Trichon, sc.)

N° 149 : *Vue de Belle-Ile.* (Trichon, sc.)
4° année. N° 203 : *Vue de Mont-de-Marsan.* (Simon, sc.)
Vue de Dax. (Trichon, sc.)

Vue de la chapelle de Notre-Dame-des-Anges,
prise de la source entre Gagny et l'abbaye
de Livry; grand dessin sur bois exécuté par
Daubigny, gravé et édité par Peulot (de
Montfermeil), qui mit cette estampe en
vente dans la localité au moment du pèlerinage, les 8 septembre 1855, et 1856.

Publié dans *l'Almanach des Salons pour l'année 1858;*
in-4°.

Paris, Pierdon, éditeur.

Cédé par Peulot au *Monde illustré,* qui l'a publié
dans le n° 442 du 30 septembre 1865, avec addition d'une
coupole récemment construite sur les combles de la chapelle.
Cette modification a été faite au moyen d'une pièce
rapportée dans le bois.

Histoire des Peintres de toutes les écoles, par
Charles Blanc.

Renouard, éditeur

Dans les volumes consacrés à l'école française, on
trouve des dessins de Daubigny dans les vies de Poussin,

le *Polyphème* (Beuglet, sc.) ; de Claude Lorrain, *l'Abreuvoir* (Trichon, sc.) ; même composition que le n° 56 de
notre catalogue, *l'Ancien Port de Messine* (J. Quartley, sc.) ;
Tobie et l'Ange (Pisan, sc.) ; de Joseph Vernet, *les Bai-
gneuses* (Pisan, sc.) ; *la Tempête* (Quartley, sc.), de Lan-
tara, *Vue des bords de la Seine* (Beuglet, sc.), et *le Retour
du marché* (Timms, sc.).

ÉCOLE FLAMANDE.

Chaumière, d'après Paul Bril. (Deschamps, sc.
Site agreste, d'après Paul Bril. (A. Lavieille, sc.)
La Chasse aux canards, d'après Paul Bril. (Dujar-
din, sc.)
Diane et ses Nymphes, d'après Paul Bril. (Dujar-
din, sc.)
Le Chariot renversé, d'après Lucas van Uden. (Ser-
gent, sc.)

ÉCOLE HOLLANDAISE.

Bétail s'abreuvant, d'après Albert Cuyp. (Trichon, sc.)
Le Passage du gué, d'après Jean Asselyn. (Carbon-
neau, sc.)
Le Passeur, d'après Jean Both. (Pierdon, sc.)
La Femme montée sur un mulet, d'après Jean Both.
(O. Gautier, sc.)
La Fontaine, d'après van der Does. (Tamisier, sc.)

La Forêt, d'après Everdingen. (Sotain, sc.)

Le Torrent, d'après Everdingen. (Peulot, sc.)

Les Muletiers, d'après Moucheron. (Bara-Gérard, sc.)

Le Taureau (du musée de La Haye), d'après P. Potter. (Trichon, sc.)

Le Paccage, d'après P. Potter. (Pisan, sc.)

La Prairie (du musée du Louvre), d'après P. Potter. (Dujardin, sc.)

La Vache qui se mire, d'après P. Potter. (Bara-Gérard, sc.)

La Cascade, d'après Ruysdaël. (J. Quartley, sc.)

La Mare, d'après Ruysdaël. (Dujardin, sc.)

Soleil levant (musée du Louvre), d'après Adrien van de Velde. (Trichon, sc.)

L'Aveugle (musée du Louvre), d'après Adrien van de Velde. (J. Quartley, sc.)

Le Marais (musée du Louvre), d'après Adrien van de Velde. (Timms, sc.)

La Fenaison (musée du Louvre), d'après Adrien van de Velde. (Trichon, sc.)

La Flottille, d'après Guillaume van de Velde. (Quartley, sc.)

Gros temps, d'après Guillaume van de Velde. (Quartley, sc.)

Fables-Proverbes, par Berlot-Chapuit, avec une introduction de Lamartine et des gravures d'après les dessins de Rosa Bonheur, Bertall, Daubigny, etc. 1 vol. gr. in-8°.

Paris, Garnier frères, 1862.

La Vigne et l'Ormeau. (Ad. Lavieille, sc.)

Composition inspirée de l'eau-forte n° 11 du catalogue : *Chaumières à Valmondois.*

Un cliché de ce bois a été publié dans le XXIX° volume du *Musée des Familles,* année 1862.

Paris-Guide.

Lacroix et Verbœkhoven, éditeurs, 1867

Le Pont Marie (Boëtzel, sc.), reproduit dans *la Gazette des Beaux-Arts,* t. XX, p. 379 (1867).

Le Pont-Neuf. (Peulot, sc.)

Cascade du bois de Boulogne.

Le Chevet de Notre-Dame de Paris et *l'Ile Saint-Louis.* (Sargent, sc.)

Les Jardins, par Arthur Mangin ; 1 vol. in-4°.

Tours, Mame, 1867.

Daubigny a dessiné onze bois pour cet ouvrage dont neuf tirés hors texte. Ce sont *Fontainebleau, Rambouillet, Chantilly, Saint-Cloud, Sydenham* (animaux antédiluviens) gravés par Peulot: *le Raincy, Morfontaine, Cascade du bois de Boulogne, Buttes Chaumont* gravés par Sargent; *Colonne Daubenton* et *Jardin des Plantes,* gravés par Pannemaker.

Il nous reste à citer quelques bois que nous ne pouvons classer; ce sont :

1° *Le Repos*. Ce bois représente un petit personnage endormi sur le penchant d'un coteau qui domine un frais vallon qu'arrose un ruisseau et d'où l'œil embrasse de vastes horizons de montagnes. Gravé par M. Gusman en 1843 pour Curmer.

Nous ne pourrions dire à quel ouvrage il était destiné ni s'il a été publié. Il en a été fait un cliché en bitume (procédé abandonné) par Michel, clicheur, rue Cassette.

2° *Les Chaumières d'Auvers*, dessinées à la plume sur bois par Daubigny et gravées vigoureusement, à la manière des anciens xylographes, par M. Predhomme, pour un de ces nombreux journaux illustrés qui ont paru et disparu en ces dix dernières années.

3° *Le Canigou* (un des plus hauts sommets des Pyrénées). Dessin sur bois (in-8°) gravé par Belhatte, avec ces deux vers dans la marge :

> Saisi d'un saint respect, je fléchis le genou,
> Et mon salut s'adresse au pic du Canigou.

4° *La Récolte du quinquina par les cacerilleros*; sans nom de graveur. Composition différente de l'eau-forte n° 53 du catalogue; publiée dans *le Magasin utile*, sans nom d'éditeur ni date.

NOTE

SUR

L'ŒUVRE DE LOUIS TRIMOLET[1]

Vingt-quatre compositions gravées à l'eau-forte pour les deux années du *Comic-Almanack*, 1842-1843.

Dessins sur bois pour *Versailles ancien et moderne*, publié par le comte Alexandre de Laborde.

Dessins gravés sur acier et sur bois pour une édition illustrée des romans du capitaine Marryat; une de ces compositions, représentant *Un Matelot qui emmène une femme sur l'ordre d'un corsaire*, a été gravée par Daubigny.

Dessins sur bois pour les physiologies de *l'Employé*, *l'Homme de loi*, du *Garde national*; Aubert, éditeur. Des caricatures politiques pour *le Charivari*; des dessins sur bois pour *les Mystères de Paris* (1er vol.), pour *les Français peints par eux-mêmes*, *le Prisme*, etc.

Une composition pour le roman de Théophile Gautier : *Fortunio*.

---

1. Voir page 21.

Dessins sur bois pour *la Pléiade*, de Curmer. Six vignettes et un frontispice gravé à l'eau-forte pour *la Batrachomyoma-chie*.

Le Pauvre; eau-forte publiée dans *les Beaux-Arts*, de Curmer. (Nous l'avons décrite page 19.) Daubigny a travaillé au paysage.

Napoléon à cheval; eau-forte d'après H. Vernet.

Frontispice gravé à l'eau-forte pour *les Contes de Per-rault*.

La Charrette du condamné sur le Pont-au-Change; eau-forte pour *le Maçon*, roman par Michel Masson. Les fonds, représentant *la Tour du Palais de justice*, ont été exécutés par Daubigny.

Autre composition pour le même ouvrage : la mort d'un maçon tombé du haut d'un échafaudage; fonds par Dau-bigny.

Les Chants et Chansons populaires de la France. 3 vol. Paris, Delloye, 1843.

La Musique des rues, pour la couverture des livraisons du précédent ouvrage.

Le Calepin d'un artiste; album de petits sujets comiques, gravés au vernis mou. Blaisot, éditeur.

Album de sujets comiques lithographiés ; Aubert, éditeur.

Quarante-deux dessins comiques pour *le Dedans jugé par le Dehors*, texte par Ch. Philippon, et quatre dessins : *Physionomies, poses, grimaces de lecteurs*. Musée Philippon. Paris, Aubert, éditeur, 1841-42.

APPENDICE

— 1874-1878 —

Charles-François Daubigny a été enlevé le 19 février 1878
à l'affection de sa famille, à ses nombreux amis, à l'art qu'il
honorait au premier rang. Il a succombé à une hypertrophie du
cœur causée par la goutte dont il souffrait depuis plus de
douze ans. Né le 15 février 1817, il venait d'entrer dans sa
soixante-deuxième année. Sa mort a vivement impressionné le
monde des arts où sa cordialité, son humeur facile, sa franchise, sa droiture, lui avaient créé d'universelles sympathies.
Ses obsèques ont eu lieu, le jeudi 21 février, à l'Église Notre-
Dame de Lorette, au milieu d'une affluence considérable
d'amis et d'admirateurs, d'écrivains et d'artistes. Les cordons
du poêle étaient tenus par MM. Geoffroy-Dechaume, Steinheil,
Lavieille et Vollon. Un grand nombre d'amis et de confrères
de l'éminent paysagiste accompagnèrent sa dépouille mortelle

14

jusqu'au cimetière du Père-Lachaise, où M. le marquis de Chennevières, directeur des Beaux-Arts, prononça, au milieu du recueillement général, les paroles suivantes :

« Messieurs,

« La Hollande tient une grande place dans l'histoire des arts : et qu'a donné la Hollande à cette histoire ? Elle lui a donné le paysage par Rembrandt, par Ruysdaël, par Hobbema, par Cuyp, P. Potter, Van den Velde, jusqu'à Dujardin et Berghem ; elle a introduit ou développé dans la peinture un sentiment nouveau qui fait de son école l'égale des plus fameuses. Ce sentiment est celui d'un amour intime de la nature, d'une pénétration passionnée de sa vie propre, comparable à l'ardeur que les autres écoles avaient réservée pour l'expression de la vie et de la beauté humaine.

« Ç'a été le génie de cette admirable pléiade des Hollandais d'avoir créé, tel que nous le concevons depuis eux, l'art particulier du paysage, et il avait semblé, durant cent cinquante ans, qu'ils eussent emporté le secret de ses harmonieuses et profondes merveilles.

« Il se retrouva, ce secret, il y a un demi-siècle, dans la généreuse fermentation de notre école romantique, alors qu'à la suite de nos grands peintres d'histoire, à la suite de Géricault et de Delacroix, apparurent Corot et P. Huet, puis Flers, Cabat, Th. Rousseau, J. Dupré, Diaz, Marilhat, Millet, Daubigny ; et plus d'un de nous a pu se dire parfois que ces paysagistes avaient peut-être jeté, dans le grand retentissement de la peinture moderne, la note la plus élevée, la plus poétique, la plus personnelle à notre temps.

« De ceux que je viens de nommer, Daubigny était venu le

dernier, et il ne fut ni le moins convaincu, ni le moins épris, ni le moins sincère. Nous savons tous quelle nature droite était la sienne : naïve, simple, laborieuse, vraiment agreste, bonne et salubre comme la campagne, et aussi affamée qu'elle de lumière et de soleil. Pareil à ces Hollandais dont il continuait la race, il n'avait pas choisi d'autre pays que le sien, quelques lieues à peine par delà la banlieue de Paris, pour en traduire les tranquilles étendues, les nuages légers et fuyants, les terrains humides, les verdures printanières, la grâce élégante. Ses moissons, ses vendanges, ses bords de rivière, sauf le fécond voyage d'Optevoz, il les prenait autour de Saint-Denis ou d'Auvers, et pour ses marines, il n'était pas allé plus loin qu'aux plages prochaines de Normandie.

« Mais avec quelle largeur, quelle délicatesse et quelle conscience inflexible de peinture, et quelle sûreté d'œil il poursuivait l'impression voulue ! Il fut vraiment maître par la vérité franche de ses œuvres, et maître il reste pour nous.

« Cet art du paysage, qui a été l'orgueil de notre école moderne, ne peut vivre que de franchise et de vérité. L'habileté d'exécution y est, comme dans tous les arts, une qualité précieuse, mais une qualité accessoire. Si elle devenait dominante aujourd'hui, au détriment de la sincérité patiente et de la force courageuse, c'en serait fait de notre groupe de paysagistes. Souvenons-nous toujours de ces adorateurs obstinés de la nature : Rousseau, Millet, Daubigny. A force d'amour naïf, ils l'ont connue en sa pleine beauté et en ont tiré des images admirables qui dureront autant que notre école. Quel que soit le deuil qui frappe encore aujourd'hui cette école, et nous fait sentir cruellement les vides faits en elle coup sur coup, il ne faut point vous décourager, mais vous réconforter, au contraire, par l'exemple de vos glorieux aînés. Malheur à nous si nous venions à nous dire que nous sommes ici pour saluer d'un dernier adieu le dernier des paysagistes! »

Bien que la santé de Daubigny laissât beaucoup à désirer depuis plusieurs années, nous étions loin de croire, quand nous publiions notre livre, que la mort du maître dût nous imposer si brusquement la tâche douloureuse d'en écrire le dernier chapitre. Nous ne pouvions imaginer que cette main vaillante, qui a produit tant de charmantes œuvres, fêtes et joies de nos expositions, dût se glacer si vite; nous nous refusions à croire que cet œil, si supérieurement organisé, dût se fermer sitôt. La mort inexorable a de ces coups, et c'est dans la sereine maturité du talent qu'elle a frappé Daubigny.

Le maître emporte dans la tombe le secret des tentatives nouvelles qu'il méditait. Ces audaces, inosées jusqu'ici, qu'il se promettait d'essayer, à supposer qu'elles n'eussent pas toujours été heureuses, eussent été du moins extrêmement intéressantes. Elles le sollicitaient depuis longtemps, et ces lignes d'une lettre qu'il nous écrivait le 23 octobre 1874, expriment cette préoccupation, ainsi que les inquiétudes et les pressentiments que lui donnait déjà sa santé :

« J'ai été repris par la goutte; la main va mieux, et je puis vous écrire... Est-ce assez terrible pour moi, cette maladie! Elle m'a pris en pleine bonne santé et en plein travail; de sorte que maintenant deux années ne m'en font plus qu'une. Je voudrais pourtant faire, avant de m'en aller, une série de tableaux dont j'en ai commencé quatre; mais on n'est jamais raisonnable; on est comme le bûcheron de La Fontaine, on ne veut jamais être au dernier fagot... »

Les quatre peintures indiquées dans cette lettre sont : « *Le chant du coq,* auquel le peintre travaillait encore quand la maladie est venue arrêter son pinceau ; *La rentrée des moutons au parc,* effet de lune qu'il destinait, comme le précédent, à l'Exposition universelle du Champ de Mars ; *Les faucheurs* aiguisant leurs faux, sur le bord d'un chemin, aux ardeurs d'un soleil de juin ; et cette violente ébauche que nous appelions *Les bœufs rouges.* Ces quatre toiles sont restées à un état d'inachèvement qui ne permet pas de les juger. Mais le *Lever de lune* du Salon de 1877, qui appartenait par ses tendances à cette série, fera apprécier ce que nous avons perdu.

En ajoutant à notre livre ces pages supplémentaires, j'entends plus d'un lecteur faire une observation dont je ne conteste pas la valeur. Ces sortes de monographies, pensent-ils, présenteraient plus d'homogénéité, auraient plus d'autorité, si l'on attendait pour les écrire que la mort de l'artiste permît d'embrasser sa vie et son œuvre tout entiers, et de prononcer, sous les yeux de la Postérité qui commence, un jugement définitif et solennel.

En thèse générale, le lecteur a raison ; mais il s'agissait moins pour nous de devancer les arrêts de la Postérité — ce à quoi nous étions loin de prétendre, — que de réunir tous les matériaux pour la critique, et noter mille petits faits intimes que négligeraient les indifférents. A cette tâche, il faut le cœur et la main d'un ami. Et maintenant, lui direz-vous, à cet ami : « Attends? » Mais il peut disparaître le premier, et c'est pour cela qu'il se hâte.

Si l'amitié est un titre en pareil cas, mon titre est suffisamment établi. Quand, il y a environ vingt-huit à trente ans, je connus Daubigny, il n'avait pas encore l'auréole de la célébrité. Un ami commun, le peintre-verrier Coffetier, nous mit en relations. Le sentiment artistique du peintre correspondait à mes confuses aspirations, et ces affinités particulières serrèrent bientôt nos liens.

En 1873, M. René Ménard, alors rédacteur en chef de la *Gazette des Beaux-Arts*, se présenta chez Daubigny et lui fit part de son intention de publier dans la Gazette une notice biographique. Daubigny, qui s'effrayait déjà à l'idée de mettre un peu d'ordre dans le chaos de ses souvenirs, engagea M. Ménard à venir me trouver : — j'avais, disait-il, déjà fait autrefois quelque chose comme cela dans *l'Artiste*.

M. Ménard vint me trouver en effet ; il me demanda seize pages, je lui en portai quarante à travers lesquelles il pratiqua de larges coupures ; mais le travail m'avait intéressé, je m'attachai à le compléter. Daubigny se résigna à me laisser le champ libre, ne fût-ce que par peur des *reporters*.

« Je ne crois pas que cela soit bien intéressant, ma biographie, répétait-il ; mais puisqu'il n'y a pas moyen, à ce qu'il paraît, d'éviter d'être biographié tout vif, plutôt vous qu'un autre ! »

Il savait d'ailleurs qu'à défaut de talent j'apporterais à ce travail une sincérité consciencieuse, et cette modération dans l'éloge, qui rassurait d'avance les pudeurs de sa modestie. Il a aussi peu que possible collaboré à sa biographie : ils le croiront sans peine, tous ceux qui se rappellent le désordre de sa mémoire, et sa mobilité d'oiseau, et sa répugnance à occuper le public de sa personne. J'étais obligé de lui faire violence pour obtenir le moindre jalon. Au lieu de procéder par interrogations directes, il me fallait surprendre au passage les souvenirs qui lui échappaient. Que de fois ai-je dû modifier ma pagination pour intercaler un renseignement que je n'avais pas réussi à arracher en temps utile et qui semblait venir malicieusement comme de lui-même quand il était trop tard! En ce qui concerne ses planches gravées notamment, il m'a été de peu de secours puisqu'il ne possédait même pas la collection complète de ses eaux-fortes; er c'est dans les portefeuilles d'amateurs mieux avisés que j'ai dû étudier les divers états de ses planches. Quant à m'en indiquer la destination, il ne fallait pas compter sur lui pour cela; et c'est moi, au contraire, qui, après maintes recherches et démarches, me plaisais à lui rappeler dans quelles publications avaient paru autrefois tous les charmants caprices de sa pointe et de son crayon.

Tous les vendredis, Daubigny ouvrait toute grande la porte de son atelier aux confrères, aux amateurs, aux amis des amis, et même aux indifférents. Il eût été souvent fort embarrassé de dire les noms de tous ceux avec qui il avait échangé des poignées de main ces jours-là. A l'une de ces réceptions de l'hiver 1873, je me rencontrai avec un visiteur étranger qui interrogeait le peintre sur sa vie, sa carrière et ses travaux. Daubigny répondait tant bien que mal à ces questions; c'était précisément à l'époque où j'avais la tête toute pleine de mon sujet; aussi je souffrais comme un dilettante qui perçoit une note fausse, en entendant les erreurs de date, les confusions de toutes sortes que commettait délibérément Daubigny; et, machinalement, je rectifiais chacune de ses réponses : « Tel tableau n'est pas de tel salon, mais de tel autre; il appartient à tel amateur; il n'est pas du premier voyage de Bretagne, mais du second, etc.

— Vous le voyez, fit alors Daubigny en me présentant à l'étranger, mon ami connaît mieux ma vie que moi-même, et je suis souvent fort heureux de l'avoir sous la main... »

Si nous semblons nous complaire à ces souvenirs, ce n'est pas, — qu'on en soit bien persuadé, — par goût de nous mettre personnellement en scène, mais pour ne négliger aucun trait de la physionomie que nous essayons de fixer. J'ai tenu aussi à établir l'attitude toute passive que Daubigny a constamment gardée à l'endroit de sa biographie, parce que cette attitude ne peut que lui faire honneur.

On a déjà compris, par conséquent, que j'ai été absolument libre dans mes appréciations, et l'on voudra bien croire que je me serais prudemment abstenu si je ne m'étais pas senti les coudées franches. « Quand on a pour un million de gloire, disait Balzac, on en demande encore pour deux sous. » Que d'artistes sont comme le millionnaire de Balzac! Jamais la mesure des éloges ne leur paraît suffisamment comble, et leurs exigences inquiètes tiendront vingt pages des plus flatteuses pour nulles et non avenues s'ils y découvrent seulement la plus légère atténuation ou la moindre réserve. Avec Daubigny, je n'avais pas cet écueil à redouter. Je ne lui ai jamais vu de ces ombrageuses susceptibilités qui lisent entre les lignes. Il était de très-bonne composition à cet égard, et je suis sûr que les pages du livre qui lui ont fait le plus de plaisir sont celles que j'ai consacrées à son fils Karl.

Le désir d'établir avec plus de certitude quelques points inexpliqués de notre étude, nous décide à remonter un instant aux premières années de Daubigny. Bien qu'il fût né à Paris, c'est dans un milieu rustique que s'éveillèrent ses premières impressions. On l'avait confié à une nourrice de Valmondois chez laquelle, à raison de la santé délicate de l'enfant, on le laissa pendant plusieurs années. C'est là, dans les enclos plantés de pommiers, dans les prés, à l'air libre de la plaine, qu'il grandit et se fortifia. Il en rapporta le goût des grands espaces, et cet amour des champs qui devait être la passion exclusive de sa vie. Aussi, quand plus tard il pourra s'échapper de ce sombre Paris qui l'étouffe, ce sera toujours du côté de Valmondois qu'il se dirigera irrésistiblement. Là, il retrouvera la chaumière et le verger de son enfance, et la bonne nourrice, la mère Bazot, et son maternel accueil. Ces parages préférés inspireront en retour les plus belles pages de son œuvre au paysagiste que la postérité pourrait nommer : « Le peintre des bords de l'Oise. »

Les bonnes lettres de Daubigny, qui repassent là sous mes yeux, attestent, en maints endroits, la profondeur et la persistance de ce sentiment. En 1860, — c'étaient les belles années alors ! — il m'écrivait : « J'ai acheté à Auvers un terrain de trente perches, tout couvert de haricots sur lesquels je planterai quelques gigots quand vous viendrez me voir.

On est en train de m'y bâtir un atelier de 8 mètres sur 6, avec quelques chambres autour; ce qui me servira, j'espère, au printemps prochain. Le père Corot a trouvé Auvers très-bien, et m'a bien engagé à m'y fixer une partie de l'année, voulant faire des paysages rustiques avec figures. Je serai vraiment bien là, au milieu d'une bonne petite culture où les charrues ne sont pas encore à vapeur... »

Et en 1872, le 30 septembre, à son retour de Cauterets où il était allé traiter un asthme goutteux, il disait encore : « Je n'ai pu travailler dans les quelques excursions et ascensions que j'ai faites aux environs, où c'était très-beau. On est tellement surpris par ces grands aspects qu'il faudrait rester longtemps pour trouver l'interprétation capable de les rendre. Je vais aller terminer la saison à Auvers. Il n'est rien de tel que la nature dans laquelle on vit tous les jours, où l'on se plaît réellement. Les tableaux se ressentent alors de la vie intime et des douces sensations qu'on y éprouve... »

Daubigny avait à peine douze ans quand il perdit sa mère. Il resta dès lors privé de direction et d'appui. Son père était absorbé par le souci de gagner sa vie. Il se remaria bientôt. L'enfant ne tarda pas à quitter un foyer qui ne l'attachait plus par les mêmes liens, et dut se subvenir à lui-même. Sa rare vocation et son goût pour le travail conjurèrent heureusement les périls d'une liberté si précoce. Mais Daubigny, incapable de contraindre sa nature prime-sautière, ne reprit pas en sous-œuvre les fondements qui lui manquaient, sous le rapport de l'instruction. Il se défiait du papier imprimé. Il sembla toujours d'ailleurs trouver un certain charme à se laisser vivre dans sa douce ignorance : « Après tout, se disait-il, il y a toujours des gens qui sont payés pour savoir tout ce dont on a besoin, — sans compter les dictionnaires. » Voilà pourquoi Daubigny ne sut jamais des choses d'ici-bas que ce que sa vive et mobile intelligence en a pu saisir au vol. Voilà pourquoi cette nature délicate, qui eût été susceptible de culture, est restée à l'état de diamant brut.

Aussi bien ne serions-nous pas éloigné de croire, — et si nous hasardons ce paradoxe, c'est parce que nous sommes ici en pleine exception, — nous ne serions pas éloigné de croire, disons-nous, que le talent de Daubigny, par cela même qu'il est pur de tout alliage littéraire, a mieux échappé aux influences étrangères, a conservé plus intacte toute son originalité ; et le contraste des délicatesses natives de son tempérament artistique avec les côtés populaires que le peintre tenait de son enfance, entièrement laissée à elle-même, explique précisément ce mélange exquis de grâce et de rudesse qui caractérise ses œuvres, et cette saveur si particulière qu'il est plus aisé de sentir que d'exprimer.

Il nous paraît incontestable aussi que les lacunes de son éducation première, en le tenant sagement éloigné du monde que lui ouvrait sa réputation, le préservèrent de ces besoins factices, de ces entraînements fiévreux qui dévorent tant d'existences artistiques, et furent cause qu'il garda ses goûts simples, les ingénuités de son cœur d'enfant, et le don du rire, privilége des natures droites que n'ont pas émoussées les piments des plaisirs parisiens. Le travail, la famille, les projets de tableaux, les longues causeries d'art, le soir, après dîner, telles étaient ses meilleures joies.

Il était le camarade de ses confrères, et le maître ne se révélait, chez lui, que par la justesse et la sûreté des conseils qu'il prodiguait à tous. Jamais il ne montait sur le trépied ; mais il parlait peinture avec un charme si « bon enfant », avec une chaleur si communicative, qu'on le quittait toujours réconforté, animé d'un désir immodéré de peindre et plein de résolutions énergiques qu'emportaient, plus ou moins promptement peut-être, les mille diversions de la vie parisienne, mais qui n'en laissaient pas moins une salutaire et profonde impression. Et quel accès facile et quel cordial accueil les jeunes artistes trouvaient auprès de lui ! Jamais il ne les renvoya découragés ou froissés par une de ces charges à froid dont tant de peintres arrivés se font un jeu cruel.

Un jeune amateur lui soumet un jour, en notre présence, d'informes barbouillages que Daubigny examine avec sa complaisance habituelle.

« Ce qui m'embarrasse, hasarde timidement le néophyte, c'est le ciel. Je ne sais pas faire les ciels... »

Au lieu de souligner ironiquement cette naïveté, Daubigny s'écrie, avec son bon rire :

« Eh bien ! et moi ? est-ce que vous croyez que je sais les faire, les ciels ? Il n'y a pas, continua-t-il, de façon particulière de rendre les ciels, les arbres ou les terrains. Il n'y a dans le paysage que des formes, des valeurs et des colorations. Regardez, comparez, et... fichez-vous du reste ! »

C'était en quelques mots toute la théorie du paysage moderne. Le jeune amateur s'en alla tout en méditant cette étrange réponse. Ce ne fut que deux ans plus tard qu'il en comprit véritablement toute la portée; mais alors, il était peintre.

Daubigny ne connaissait pas non plus ces mille petits jougs que notre vanité baptise souvent du nom de « convenances » pour s'excuser d'en accepter la tyrannie. Il poussait même son dédain de l'étiquette jusqu'à un degré dont le trait suivant peut donner une idée.

C'était en juillet 1874, peu de temps après sa promotion au grade d'officier de la Légion d'honneur; il venait de faire sa visite officielle au ministre, habit noir et cravate blanche, et regagnait le boulevard Clichy qu'il habitait. Vollon le rencontre.

« Que fais-tu donc ici par 35 degrés Réaumur? lui demande Vollon.

— Une corvée, mais je repars demain matin.

— Tu es seul alors?

— Oui.

— Viens dîner à la maison...

— Volontiers. » Et tous deux de se dirigent bras dessus bras dessous chez Vollon.

« Eh mais, j'y songe, reprit celui-ci, je suis seul aussi; ma femme est à la campagne, il faut acheter le dîner et faire les ménagères... »

Et les voilà qui entrent chez le boulanger, le marchand de vin, l'épicier, le rôtisseur. Daubigny reparaît bientôt, portant le pain jocko d'une main, les bouteilles cachetées de l'autre, avec les deux traditionnels cornets de sel et de poivre émergeant des poches du gilet. Quant à Vollon, pour ménager l'elbeuf de son camarade, il s'était chargé de la dinde et des cervelas. Je sais bien que le boulevard Clichy n'est pas le boulevard des Italiens ; mais c'est égal, vous auriez bien ri de surprendre le nouvel officier dans ce grotesque appareil.

Notre étude sur Daubigny s'arrête au Salon de 1874, au *Champ de Coquelicots,* si empli d'air et de lumière, et dont les rouges sonores éclataient comme une joyeuse fanfare au milieu des émeraudes de la prairie et des tons perlés du ciel. Le maître ne parut pas au Salon de 1875. C'était la première fois, depuis l'année 1848, qu'il lui arrivait de s'abstenir ; encore est-ce à la goutte qu'il convient de s'en prendre. L'Exposition de 1876 nous le ramena avec *le Verger.* C'était une symphonie de tons verts qui, traitée dans ces vastes proportions, avait pour le moins le mérite d'une énorme difficulté vaincue. Le coloriste avait manié cette chromatique sans cesser un instant d'être fin et distingué. On jugea pourtant que le ciel écrasait les terrains, que les brutalités de sa facture contrastaient d'une façon regrettable avec le faire plus léger et comparativement un peu fluide du paysage. Le public trouva-t-il quelque monotonie à ces verdures caressantes qui n'avaient pas même appelé à leur aide les ressources d'un coup de soleil central ? Je ne sais. Toujours est-il que l'auteur lui-même ne parut pas entièrement satisfait de son œuvre, car il l'a reprise pour lui donner plus d'accent. L'Exposition universelle de 1878 nous la montrera revue et corrigée, et nous pourrons juger alors de l'effet de ces retouches.

Pendant l'été de 1876, Daubigny fit un séjour à Dieppe, d'où il rapporta de remarquables études de plages, de falaises; des vues prises du Pollet, ou sur les bords de la rivière d'Arques. La plus importante de cette série a figuré au Salon de 1877 sous le titre : *Vue de Dieppe*. C'était une toile vigoureusement brossée sur nature, d'un ferme dessin, d'une franche couleur, et d'une justesse d'effet due évidemment à la prodigieuse rapidité d'exécution du peintre. Cette toile ne lui avait pris que deux séances, sans compter, bien entendu, les retouches indispensables et la dernière toilette de l'atelier : la première séance pour mettre en place et dessiner, la seconde pour peindre.

Comme pour montrer son talent sous ses deux aspects caractéristiques, Daubigny avait joint à cette vue de Dieppe, si positive et si locale, une œuvre d'une conception plus poétique. C'était ce *Lever de lune*, dont le charme s'imposait à tout visiteur qui surmontait les rudesses du premier aspect. Cette peinture, pénétrée déjà en quelque sorte des élégiaques tristesses du chant du cygne, attestait, chez le peintre, la largeur d'un sentiment de plus en plus préoccupé de l'idéal. Sa lumière douce et voilée reposait le regard du vain tapage des tableaux environnants.

Le motif n'est plus ici qu'un thème accessoire et en quelque sorte indifférent. Le maître a un but supérieur ; exprimer les alanguissements et les mélancolies du soir. Daubigny affectionnait, depuis quelques années, ces paysages lunaires baignés dans une atmosphère argentine ou dorée. Il semblait

que son âme d'artiste, si éprise autrefois des verdures plantureuses, fût doucement amenée par les années, les souffrances
et les épreuves inévitables dans le cours de la vie, à se réfu-
gier, aux heures solitaires, dans les silences et les clartés
discrètes des belles nuits. M. Goupil possède en ce genre
une page magistrale qu'il ne faut pas confondre, malgré de
grandes analogies, avec le tableau, même sujet, du Salon de
1859. Cette nouvelle œuvre, terminée récemment, est à proprement parler le dernier tableau du maître. Une plaine
triste et nue, un troupeau qui regagne son gîte, une nappe de
brouillard qui exsude du sol, une sensation intense de l'air
et de l'espace, un ciel profond et transparent, et, au milieu
des blondes vapeurs qu'elle écarte et qu'elle dissipe, la lune
qui brille doucement dans un rayonnement argentin; en
voilà assez pour le peintre, et nous avons à saluer un chef-
d'œuvre de plus.

Nous ne croyons pas que Daubigny ait jamais été plus loin
et plus haut dans cette voie que dans le grand *Lever de lune*
de l'Exposition universelle de Vienne, que nous admirerons
bientôt au Champ de Mars. Le motif n'offre encore rien d'in-
attendu. Le peintre semble le simplifier à dessein pour con-
centrer l'intérêt dans le ciel, et doubler la puissance de l'effet.
Dans la plaine, un petit paysan et une petite paysanne chassent
devant eux un groupe de bœufs et de vaches, à la tête duquel
marche un âne; plus loin, près d'un bouquet de bois, quelques travailleurs attardés achèvent de charger une voiture de
foin: tout cela à demi noyé dans l'ombre mystérieuse du soir,
tandis qu'à l'horizon, la lune émerge des coteaux et monte

majestueusement dans le ciel, enveloppée dans son nimbe lumineux. Ce chef-d'œuvre de sentiment rustique, empreint d'une
poésie sans emphase, marque l'apogée du talent de Daubigny.

Malgré sa science consommée de coloriste, Daubigny se
retrempait chaque année dans l'étude directe de la nature.
Cela explique la vitalité de son talent, mais cela explique aussi
les atteintes que sa santé a reçues de ce régime pernicieux.
L'été dernier encore il a fait sa dernière campagne de paysagiste à Villerville; il a descendu avec « le Botin » le cours de
la Seine jusqu'à Pont-de-l'Arche, faisant escale à Vetheuil,
aux Andelys, etc... Quoiqu'il ne couchât plus à fond de cale,
comme au temps de ses premiers voyages, les longues séances
en bateau, dans les perfides fraîcheurs des matins et des soirs,
avaient encore leurs dangers; ces imprudences sont pour beaucoup dans les maux dont il souffrait, et qui ont terrassé pré-
maturément cette nature nerveuse et vivace. Mais parlez donc
de précautions à un artiste plongé dans l'ardeur du travail!
Comme nous disait un jour Corot : « On attrape une fluxion
de poitrine, c'est possible,... mais on a fait son tableau! »

Si l'œuvre des maîtres se reconnaît à certains caractères
typiques : l'unité dans la variété, ce lien mystérieux qui rat-
tache toutes les conceptions de l'artiste et donne à l'ensemble
de ses productions les plus diverses ce caractère d'homogénéité sans monotonie qui constitue « un œuvre »; et ce don de
se modifier tout en restant soi-même, qui fait que le talent sur-
vit aux grâces enfuies de la jeunesse et s'élève avec les années,
et cette qualité souveraine que Daubigny appelait « le grand
côté »; si tout cela, dis-je, consacre le maître, oui, c'est bien

incontestablement un maître que la mort nous a pris. Il n'est
certes pas sans défauts; mais on lui pardonnera, — d'abord
parce que son but était ailleurs, — les négligences de son
exécution, le laisser-aller de son dessin, les vulgarités des
figures de ses grandes compositions et les incorrections de ses
animaux ; on les lui pardonnera en considération des qualités
transcendantes du coloriste, et des harmonies incomparables
qui dominent toutes ces imperfections, — j'allais dire tous
ces sacrifices.

SUPPLÉMENT

au

CATALOGUE DES PIÈCES GRAVÉES A L'EAU-FORTE

PAR

C. F. DAUBIGNY [1]

— 114 —

Le pré des graves à Villerville (Calvados).

L. 205 ; h. 138.

En bas de la planche, à gauche, en lettres gravées : Daubigny, del. et sculp. A droite : Vᵉ A. Cadart, Edit. imp. 56, b.ᵃʳᵈ Haussmann, Paris, pour l'Album publié par Cadart : « L'eau-forte en 1876. »

Des terrains nus, moitié pré, moitié savard, s'étendent jusqu'à la lisière d'un bois dont les arbres ont été tordus par les vents d'ouest qui soufflent de l'Océan ; au fond, à gauche, la mer et quelques voiles. Lapins au premier plan, vaches cherchant çà et là une maigre pâture.

1ᵉʳ état. — Eau-forte pure, croissant de la lune très-net

---

1. Voir page 151.

et tourné vers la droite ; signé et daté à la pointe à gauche :
Daubigny, 1875.

2ᵉ état. — La lune a été effacée avec le brunissoir, car
l'artiste s'aperçut qu'ayant copié une étude sans avoir pris la
peine de retourner le dessin sur le cuivre, la lune se trouvait
orientée à contre-sens sur l'épreuve. La planche a été reprise
à la pointe et remordue légèrement. Signée et datée à la
pointe à gauche : Daubigny, 1875.

Il existe des épreuves numérotées de cet état sur papiers
de Hollande, de Chine, japonais, parchemin, etc.

Tirage de la publication Cadart.

— 115 —

La Seine à Port-Morin (Eure) ; effet du matin.

L. 250 ; h. 125.

Épreuves avant la lettre sur papiers de Hollande, japonais, de
Chine, parchemin, signées et datées à la pointe à gauche :
Daubigny, 1876.
Tirage de la publication à laquelle cette planche était destinée :
« L'eau-forte en 1877. » Lettres gravées à gauche, nom et
adresse de l'éditeur à droite, et le titre.

La rive de la Seine, encore toute baignée d'ombre,
occupe le premier plan. Un chemin se dirige vers la
droite, et s'enfonce dans un bouquet de peupliers sveltes
et légers ; sur la berge, une femme fait boire ses vaches
à la rivière qu'éclaire le soleil du matin. Un bateau
chaland glisse, voile tendue, sur les eaux lumineuses.

— 116 —

Pommiers à Auvers.

L. 270; h. 142.

Pour l'Album Cadart : L'eau-forte en 1878.
Épreuves avant la lettre sur papiers de Hollande, de Chine,
japonais et parchemin, signées et datées à la pointe à gauche :
Daubigny, 1877.

Un sentier bordé, à droite, par des pommiers, conduit à la lisière d'un bois. Une femme marche sur le chemin; au second plan, à gauche, deux arbres coupent heureusement la ligne de l'horizon. La lumière, venant de la
partie gauche du ciel, projette vers la droite les ombres
allongées des pommiers.

Tirage de la publication Cadart avec le nom de l'artiste
et la date gravés à gauche, le nom et l'adresse de l'éditeur à
droite et le titre.

— 117 —

Clair de lune dans le Valmondois.

L. 220; h. 135.

Pour la publication Cadart : *l'Illustration nouvelle*, livraison
de janvier 1878.

Une femme conduit deux vaches, qu'elle tient avec la
longe, et se dirige vers la gauche. Le pré se trouve
bordé, au second plan à gauche, par un bouquet de bois.
Trois meules s'élèvent à diverses distances dans la plaine
qui se termine par un coteau. Dans le haut du ciel, à

gauche, la lune s'ouvre un passage à travers les nuages et répand sur la campagne une vague et douce lueur.

Cette eau-forte, qui présente quelque analogie avec la pièce décrite au n° 89 du présent Catalogue, est la dernière eau-forte du maître. Il se proposait d'atténuer certains travaux qui font tache dans le ciel et de donner une valeur plus soutenue à la plus grande des trois meules; mais la mort ne lui a pas laissé le temps d'opérer ces retouches.

Épreuves avant la lettre sur papiers de Hollande, de Chine, japonais ou parchemin, signées et datées à la pointe à gauche : *Daubigny, 1877.*

Tirage de la publication : *l'Illustration nouvelle,* avec le nom de l'artiste et la date gravés à gauche, le nom et l'adresse de l'éditeur gravés à droite et le titre.

Tirage de la *Gazette des Beaux-Arts* qui a publié cette planche dans son numéro du 1er avril 1878.

NOTES ET RENSEIGNEMENTS.

---

§

La planche *Les Bergers,* que nous avons décrite sous le n° 112, a été reprise par Daubigny et a reçu des modifications qui constituent un second état. La planche a été mise à l'effet au moyen de travaux de pointe ajoutés dans les ombres, de morsures vigoureuses qui accentuent les troncs des arbres, et de parties brunies dans les lumières. De plus, le bras que la femme passait autour du cou du berger a été effacé.

§

Le cuivre de la petite piéce que nous avons décrite,
n° 42, sous le titre : *Les Petits cavaliers*, a figuré à la
vente après décès de M. Frédéric Villot, ancien conservateur
de la peinture au musée du Louvre (le 11 décembre 1875)
sous le titre : *Chevaux à l'abreuvoir*. Ce cuivre était
accompagné de trois épreuves dont l'une, du premier état au
vernis mou, le seul qui ait de l'intérêt, et les deux autres de
l'état définitif de la planche, après des reprises à la pointe et
des morsures subséquentes qui l'ont alourdie et lui ont ôté
tout son charme.

M. Villot a été sans doute pour quelque chose dans ces
morsures regrettables. Il s'était, en effet, beaucoup préoccupé, il y a quarante ans, des différents procédés de gravure
à l'eau-forte, et se livra à divers essais avec plusieurs artistes.
Il a, du reste, attesté sa collaboration en ajoutant à la suite
de la signature de Daubigny ses initiales gravées à la pointe :
et F. V.

Tout cela explique pourquoi cette petite planche était
restée en sa possession et n'a jamais été publiée. Elle a été
adjugée à M. Goupil sur l'enchère de 31 francs.

§

N° 42 *bis* du Catalogue :
Église de Sainte-Amélie, fondée en 1843 par Marie-
Augustin-Xavier Feuillet, ancien officier de marine militaire,
chevalier de la Légion d'honneur, aux Places, commune de
Dhum, département de la Nièvre, exécutée sur les plans de
M. Lenormand, architecte.

Paris; imp. de A. Beillet, 10, rue de Pontoise.

Au milieu de la marge inférieure se trouve un petit médaillon gravé à l'eau-forte par Daubigny représentant le portrait de *M. A.-X. Feuillet, fondateur, 1843.*

Sous la planche, à droite, les noms gravés de Daubigny et Lavoignat.

L. 330; h. 230.

L'église, de style du XIIe siècle, s'élève au milieu d'un vallon dominé par des coteaux boisés. Dans les prés serpente un chemin où l'on voit des paysans, des voyageurs, des chariots traînés par des bœufs. Au premier plan, à gauche, une chaumière, et des buissons à droite ; ciel à la mécanique et tons obtenus à la mécanique dans le premier plan.

§

M. Thiel a appliqué aux n°s 124, 126, 130 des clichés-glace décrits pages 154 et suivantes, les procédés de reproduction dont il est l'inventeur; mais il n'a pas été donné suite à ces essais, et il n'existe qu'une ou deux épreuves de chaque.

LISTE

DES OUVRAGES EXPOSÉS PAR C. DAUBIGNY

AUX SALONS OFFICIELS

—

Suite et fin (voir p. 183)

Salon de 1875

Abstention pour cause de maladie.

Salon de 1876

Nº 566 du livret.

Un Verger ; salon de 1877.

Dessiné à la plume sur bois par l'auteur et gravé par Peulot pour le *Monde illustré*, qui l'a publié dans le numéro du 1ᵉʳ mars 1878.

Salon de 1877.

— 613 —

Lever de lune.

— 614 —

Vue de Dieppe.

Pommiers en fleur à Auvers.

(Daté 1874) appartient à M. Brame.

Le pré des graves à Villerville ; lever de lune.

(Daté 1876) appartient à M. Breysse.

Exposition universelle de 1878.

Le pré des graves à Villerville.

Le Printemps ; salon de 1868

Le lever de lune ; salon de 1868, repris et
retouché, en 1873, pour l'Exposition universelle de Vienne.

> $1^m,60$ de haut sur 3^m de large (arpartient à M. Sedel-
> meyer). Gravé à l'eau-forte par M. H. Lefort pour le
> catalogue de la vente Sedelmeyer qui eut lieu à l'hôtel
> Drouot (mai 1877).

Nous sommes heureux de pouvoir mettre sous les yeux
du lecteur, page 209, cette intelligente traduction d'une
œuvre capitale de Daubigny ; et nous remercions M. Sedelmeyer qui nous a gracieusement confié cette planche.

Le Tonnelier ; salon de 1872.

> Appartient à M. Brame. Ce tableau a été dessiné sur bois,
> en 1872, par Daubigny et gravé par Peulot pour le *Monde
> illustré*, qui le publiera dans le cours de l'Exposition univer-
> selle de 1878.

La Neige ; salon de 1873.

Le Champ de coquelicots ; salon de 1874.

La maison de la mère Bazot ; effet du soir ;

salon de 1874.

Le Verger ; salon de 1876.

Lever de lune ; salon de 1877.

> Appartient à M. Alex. Dumas.

NOTES ET RENSEIGNEMENTS.

Le tableau numéro 437 du salon de 1872, *Moulins à Dordrecht*, a été gravé à l'eau-forte par M. J.-C. Lemaire pour l'Album publié par M. Durand-Ruel, sous le titre : « Galerie Durand-Ruel. »

On trouvera, page 227, cette intéressante petite planche que M. Durand-Ruel a mise obligeamment à notre disposition.

§

Le tableau « *Le parc et le château de Saint-Cloud* » cité page 177 a été envoyé par le gouvernement impérial au musée de Châlons-sur-Marne, à la suite du Salon de 1865.

§

Les œuvres du maître charmant dont nous déplorons la perte solliciteront bien des fois encore la pointe ou le crayon des artistes. La vente à l'hôtel Drouot des tableaux, études, dessins composant son atelier ; l'exposition générale de son œuvre, qui suivra de près à l'école des Beaux-Arts ; le concours du Champ-de-Mars, où les toiles du célèbre paysagiste compteront parmi les plus remarquées, seront autant d'occasions qui provoqueront de nombreuses interprétations. Pour être, toutefois, aussi complet que possible à la date où nous écrivons, nous tenons à signaler quelques intelligentes traductions dignes de l'attention des collectionneurs. Ce sont : *la Gardeuse d'oies*, gravée pour le journal *l'Art* par M. Brunet-Debaines, d'après un tableau appartenant à M. Ch. Melot ;

le Matin sur les bords de l'Oise, gravé en 1875 par Alph. Trimolet pour le même recueil; *le Rû de Valmondois*, gravé par Th. Chauvel pour *l'Art*, sous le titre « le Printemps ». M. Chauvel, qui tenait le premier rang en tête de nos lithographes, et qui se fait aujourd'hui une place très-distinguée parmi nos aqua-fortistes, termine une planche d'après *l'Écluse d'Optevoz*, du musée du Luxembourg, également destinée au journal *l'Art*.

La mort de Daubigny a donné lieu à la publication de plusieurs portraits qui, exécutés généralement d'après des photographies de M. Mulnier, n'ont guère que le mérite de la ressemblance. Ce sont : le portrait, habilement dessiné par M. E. Bocourt et gravé par M. Tourfaut, dans le *Monde illustré* du 3 mars dernier; le portrait publié dans le numéro du 9 mars du journal *l'Illustration*; un portrait gravé à l'eau-forte par Alph. Trimolet, le neveu du peintre. Ce ne sont sans doute pas les derniers. Mais, dès à présent, nous croyons être agréable à tous ceux qui ont connu, aimé, admiré Daubigny, en annonçant l'apparition de son buste modelé par M. Geoffroy-Dechaume. Il appartenait au statuaire qui fut l'ami d'enfance du paysagiste, de nous rendre cette physionomie sympathique. Nous sommes assuré qu'il réussira cette œuvre où son cœur collaborera de moitié avec son talent.

ERRATA.

Page 18, au lieu de : *il voulait pouvoir*, lire : *il voulait*, etc.
Page 36, au lieu de : *les dispositions plus heureuses*, lire : *les dispositions les plus heureuses.*
Page 48, au lieu de : *Fouyère*, lire : *Fougère.*
Page 68, au lieu de : *il est état*, lire : *il est tel état.*
Page 178, ligne 12, au lieu de : *n° 106*, lire : *n° 107.*
Page 179, ligne 11, au lieu de : *n° 107*, lire : *n° 108.*

TABLE DES MATIERES

TABLE

TABLE DES MATIÈRES

TABLE

DES

GRAVURES CONTENUES DANS CE VOLUME

Paris. — J. CLAYE, imprimeur, 7, rue Saint-Benoit. — [516]

* 9 7 8 2 3 2 9 2 6 9 7 8 8 *